聖賢之道 唯誠與明 聖狂之分 在乎一念

了凡四訓白話解釋

聖罔念則作狂 狂克念則作聖

黃智海◎演述

序

我記得年紀十五六歲的時候．身弱多病．先君叫我看了凡四訓．我看了大大的覺悟。雖然書中所引佛法一類的話．不大明白．也不去管他。總覺得這部書．好得了不得。就把他的功過格．劃成小冊子。把每天一言一動．照樣記起來。每夜結算．每月總結．每年底一大結。做了兩三年．的確過日少．功日多。向來浮躁的氣質．也大大的改變了。如今想起來．這一生的做人處世．不致於放肆．完全靠這部書的根基。所以這部書．在我的腦經裏．印象十二分的深。去年的秋天．黃涵之居士．到我寓中．袖中拿出了凡四訓白話解釋稿．要我替他修改以後．再去排印。我敬佩黃君的苦口婆心．勸人爲善。并且虛懷若谷．一定要問道於盲．那裏敢推辭呢。不過我在學校裏功課很多．年老精神不濟．多用一點心．往往要失眠。就對黃君直說．要等到寒假時候．有點空閒功夫．一定把這稿細心修改。黃君很原諒我．就答應而去。我想修改這部註釋．是爲了勸化世人．同歸于善．並不是爲黃君的私交關係。況且這部書．是我年少時候最得他的益的．應該做完這件工作．報答了凡先生。到寒假開始．我就把各種經手事件．一概料理清楚。專心一意．竭二十幾天的心力．把這部稿子．毫不客氣的儘量修改。現在修改居然完了．未曾失約．覺得心中很是愉快。我不敢說這部稿子．經我修改後．一點沒有錯誤。但我確已盡心竭力．絕不敢有些疏忽的。黃君現在將要把這書付印．還要我一篇序文．我就把這次修改的因緣．寫出幾句話．以塞責罷了。

歲次癸未七一叟蔣維喬敍於因是齋

了凡四訓改做白話文的緣故

了凡四訓、是一本極好的書。若是世界上的人，個個肯照這本書上所說的去做，那末世界上都是好人了。世界上的人，個個做了好人，那末自然壞人都沒有了。上天是最愛人的，人人都肯做好人，個個人守了自己的本分，世界上一個壞人都沒有，那就合了上天的心了。那就刀、兵、水、旱、各種災難，上天都不降下來了。所以一個人要想做人，要想做一個好人，要想世界上太平，沒有刀、兵、水、旱、各種災難，就應該完全照這本書上所說的話去做。不過這本書，原來是文理很深的，讀書不多的人，不能夠都懂得，所以我把他改成了白話。那末只要識幾個字的人，都可以懂得了。就是不識字的人，只要有人念給他聽，也就可以懂了。那就不管識字不識字的人，都可以照了這本書上所說的話去做好人了。那就大家都可以永遠碰不到刀、兵、水、旱、各種的災難了，大家都可以永遠享太平的福了。

看了凡四訓白話解釋的方法

了凡先生、是一位很有學問的人，這本書上用的典故很多的。了凡先生是明朝的人，所以說的都是明朝的種種制度。在前清時候，還有些相同。到了現在民國，那就不同的地方很多了。所以生在民國的年輕人、就不懂的多了。還有講到佛法的地方、也是不容易明白的。所以我把那些不容易懂的話頭、一樣一樣都大畧講講。並且我是一個佛教的弟子、覺得佛教的道理、比了隨便什麼教的道理都好、巴不得人人知道一些。所以這本書裏頭、說到佛法最要緊的地方、就借這個機會、多講一些。使得看這本書的人、也可以曉得一些佛法。不過要講得明白些、那就煩得很了、又變成不是專門講這四種教訓的書了、所以也不能够過分多講。若是看這本書的人、要多知道一些佛法的道理。那末我還有初機淨業指南、同了阿彌陀經白話解釋。勸戒殺放生白話文、也都是白話的、很容易明白的、可以請來看看。我做這本白話解釋、是把各種典故深的字眼、都解釋清楚的。前面一段開頭有一個【註】字的、就是專門解釋各種典故、或是深的字眼的。後面一段開頭有一個【解】字的、纔是解釋這本書裏頭的句子。了凡先生同了旁人一問一答的話、有幾處是很長的。我恐怕看的人厭煩、並且一段太長了、看起解釋來也不很清楚。所以把他一段一段分得極短、那末看起來更加方便了。不過那些典故、同了深的字眼、常常前面有了、後面又有的。凡是前面已經解釋過的、後面就不再解釋了。並且有些解釋起來話很多的、那末在註裏頭已經詳細講過的、到了【解】裏頭、就用原來的字句、不再解釋、免得嚕囌了。所以看的人、一定要把前面的一段【註】、先詳細看看明白、牢牢記住了。那末看到後面的一段【解】、自然容易明白了。並且有些地方、隔了好幾段、又有的、若是不記牢、忘記了、那末又要看不懂了。還有許多字、圈上一圈、意思就變了的。像一個好字．本來是好壞的好．若是把在右邊上角加了一圈．就變成愛好的意思．喜歡的意思了。這種樣的字．很多的。所以第一次有這種字的地方．就在【註】的一段註裏頭講明白某一字．要在左邊．或是右邊在上角或是下角加一圈。加了圈變成什麼意思。若是第二次又有這個字了．那就不再解釋．免得嚕囌。又有一個字．並不加圈．也有幾種解釋的。在這裏是這種解釋．在那裏又是那種解釋的．那就兩處都加解釋。還有一層．凡是文理的句子．都是做得很簡便．常常有一句句子．包括沒有說出來的意思在裏面的。我用白話解釋．碰到這種地方．就把他沒有說出來的意思．一齊補了出來。所以看起來．像原來書上沒有的。為什麼解釋了．會多出許多來．就是這個緣故。有人說、文字深的．你可以用白話來解釋清楚。但是有好些地方．文字並不很深．倒是道理很深．不是白話可以講得明白的．那怎麼辦。我道、你的話很對的．這是我也沒有法子的。只能夠盡我的心．說得格外詳細些罷了。看的人實在不懂．祇好請人講。講了再不懂．那就祇好算了。我又覺得明朝已經過去了三百年了．很長久了。所有明朝的種種制度．一些不曉得．也還勉強說得過去。若是清朝．那就離開現在．不過三十年．是很近的。若是說起清朝的種種制度．也完全不曉得．像是有些說不過去。所以我碰到有可以講到清朝種種制度的機會．或是別種關係知識上的一切．我都把他多講一些。使得看這本書的人．也可以加添一些尋常的見識。【註】裏頭．還有許多地方．沒有照現在民國所改的解釋。像某省某府某縣等等．還是用清朝的名目。民國已經把府裁掉了．我還是加上某省什麼府．像這樣的地方多得很．看這本書的人．也應該要曉得的。〇制度、凡是一國裏頭的種種法律、章程、規則、都叫制度。

了凡四訓白話解釋

蔣竹莊先生鑒定

黃智海演述

了凡四訓

這四個字．是一本書的名目。了凡、是做這本書的人名。這了凡兩個字的凡字．有兩種說法。講到人．那末不是佛菩薩．不是神仙．不是聖人．就是一個庸庸碌碌的平常人．叫做凡人。講到世界．那末不是佛菩薩的世界．也不是神仙的世界．是我們大家現在所住的．這種混混濁濁．不清淨的世界．叫做凡世界。了字、是明白的意思．也是沒有的意思．完結的意思。了凡兩個字．是明白這凡人是要不得的．應該要做一個極上等的人。明白這凡世界是住不得的．應該要住在極清淨的世界。凡是平常人所轉的那種庸庸碌碌的念頭．是完全沒有了．所以稱做了凡。這位了凡先生．姓袁、是從前明朝人。生在江蘇省、蘇州府、吳江縣。他是進士出身．做過直隸省順天府所管的寶坻縣知縣。他喜歡做善事．並且是信佛的。因為他是一位很好的善人．所以大家都尊重他．稱他了凡先生。四訓、是四種教訓。就是了凡先生把他讀書所得到的、種種極好的道理．同了一生一世所受著的、種種甜酸苦辣的經驗．做這本書來教訓他兒子的。了凡先生不但是要他的兒子好．也要世界上的人．大家都好。所以就把這四種教訓．做成了書．各處傳開來要世界上的人都明白做人的道理．個個人都做好人．這就是了凡先生做這本書的意思。這本書上所說的話．不是根基很深學問很好的人．那裏會說得出這種極精極深的道理呢。所以相信這本書的人很多．從明朝到現在．還是各處流傳的。我把這四種教訓．一種一種的解釋起來。○進士同了順天府．到下邊還要講明白的。因爲解釋起來很長的．所以這裏不多講了。

立命之學

四種教訓．都有一個題目的。這立命之學四個字．就是四種教訓裏頭第一種的題目。凡是平常人的見識．看見世界上許多人．或是富的、貴的、壽長的．或是貧的、賤的、壽短的．總說這是命裏頭註定的。這種說法．確也不能夠說他完全錯。因爲一個人、若是前一世．或是前幾世．做好人的．這一世自然做一個富的、貴的、壽長的人。若是前一世．或是前幾世．做壞人的．這一世自然做一個貧的、賤的、壽短的人了。這是平常的道理．要曉得還有特別的道理哩。若是一個人．本來是命裏頭註定富的、貴的、壽長的。因爲他做了極大的惡事．等不到下一世去受報應．就在這一世變了貧的、賤的、壽短的人了。也有一個人本來是命裏頭註定貧的、賤的、壽短的。因爲他做了極大的善事．不等到下一世來受報應．就在這一世變了富的、貴的、壽長的人了。所以雖然說今世所受的．都是前世所做的．命裏頭早就註定。但是也不一定會被這個命來束縛住的．還要看他自己去做起來的。這一篇立命之學．就是了凡先生把他自己所經過的．同了他所看到的種種效驗．告訴他兒子．要他兒子不被這一個命字束縛住．要竭力去做種種的善事．不可以做一些些惡事。立字、是造成的意思。立命兩個字．就是命不能够束縛我．要我自己把命來造成的意思。立命之學四個字．就是論立命的學問．也就是講立命的道理。

余童年喪父．老母命棄舉業學醫．謂可以養生．可以濟人．且習一藝以成名．爾父夙心也

【註】余、就是我。童年、是年紀小的時候。凡是不滿二十歲的人．都叫童。喪字、要在右邊上角加一圈的．意思就是死。舉業、從前讀書人學做八股文章．去考秀才舉人．叫做舉業。養生、是養活生命．保養身體。濟字、是救濟旁人。習、就是學。藝、是技藝．俗話叫做本事。爾、就是你。不過一個爾字．是對不客氣的人用的．長輩對小輩用的。夙心、是向來有的心。從可以養生起四句話．都是了凡先生的母親所說的。○有好些字、常常有在四邊角上加一圈的。加了一圈．意思就兩樣了。並且聲音讀起來也不同了。我本來

要想把改變的音也註明白的。但是因爲看這本書的人、各處地方的人都有的。各處的口音、各相不同的。註了音、恐怕讀起來倒反要錯。所以第一次稿裏頭都註了的、後來修改的時候、又把他刪掉了。八股文章、是明朝淸朝時候考試讀書人用的一種文章的格式。大約一篇文章、分做八段、所以叫八股。秀才舉人、下邊會詳細講的。

【解】我年紀輕的時候、父親就死了。我年老的母親、就叫我把讀書時候所學了預備去考取舉人的事業、拋棄了。要我去學做醫生。母親說學了醫生、可以替人家看病。得來的錢、可以養活自己的生命。還可以救濟有病的人。或是窮人有了病、沒有錢請醫生、也就可以替他盡義務看看。且並學了這一種醫病的技藝、學得精了、也可以成一個很有名的醫生。這是你父親沒有死的前、向來有這個心願的。

後余在慈雲寺、遇一老者。修髯偉貌、飄飄若仙。余敬禮之。

【註】慈雲寺、是一座寺院的名目、俗話就叫廟。遇字、是碰著的意思。修、是長。髯、就是鬍鬚。生在嘴兩邊的叫鬚。在面頰上的叫髯。偉、就是大。一個人不是平常庸庸碌碌的人、很有能力的人、叫做偉。飄飄、是很飄逸的意思、很寫意的、一些不泥滯的樣子、但是又沒有一些輕浮的樣子、也沒有一些俗氣的樣

子。

【解】後來我在慈雲寺裏頭．碰到了一位老年人。鬚是很長的．相貌是很偉大的．神氣是又淸又秀．像仙人一樣。我看見了很恭敬他．用禮貌去對他。

語余曰子仕路中人也．明年即進學．何不讀書。余告以故．並叩老者姓氏里居。

【註】語字、要在右邊上角加一圈．是向他說話的意思。子、就是你．用一個子字．是恭敬的意思。仕、是做官。仕路、就是官場．像現在所說的政界一樣的意思。進學、是從前國家用人．都是用考試的方法．來揀選有學問的人才。每一個縣裏頭．就有一個學宮．並且有一位官．叫做教官．專門教這些秀才的．像現在縣立的學校。不過要進這種學宮．一定要經過這縣考、府考、提學考．三種考試．都考取了．可以得到秀才的資格．纔能夠進學宮去．這就叫進學。是讀書人第一步得到的功名．是很不容易的。叩、就是問的意思。里居、是那裏的人、住在那裏。◯學宮、就是文廟．是供孔夫子的廟。縣考、府考、提學考．下邊都會講明白的。

【解】這位老年人．就向我說道．你是官場中的人．明年就可以進學了．爲什麽不讀書呢。我就把母親叫我拋棄讀書．學習醫生的緣故．告訴他。並且還問這位老年人的姓名．是那裏人．住在什麽地方。

曰，吾姓孔，雲南人也。得邵子皇極數正傳，數該傳汝。余引之歸，告母。母曰、善待之。試其數，纖悉皆驗。

【註】邵子、是宋朝一位極有學問的讀書人。姓邵、名叫雍、號叫堯夫。學問很好，精通推算天的氣數，人的命運，事情的吉凶變化。這位邵先生做過一本書叫皇極經世書。專門講一切氣數命運，不論大事小事，或是關係國家的氣數，或是關係個人的命運，或是關係已經過去的事，或是關係還沒有來的事，都有註定的數。後來的算命起課等等，講數的學問，都是邵先生傳下來的，就叫做皇極數。邵先生教他的學生，他的學生又教學生的學生，一代一代傳下來，都是依照邵先生所說的道理，所傳的方法教的。沒有一代夾雜一些他們自己的意思在裏頭的，所以叫正傳。汝、就是你，用一個汝字，也是不客氣的稱呼。像前邊用一個爾字，差不多的。纖悉、是極細小的意思。

【解】這一位老人回答我道，我姓孔、是雲南省人。邵先生所精通的皇極數，我得到了他的正傳。照註定的數講起來，我應該把這皇極數傳給你。我聽了他的話，就領他到我的家裏頭，告訴了我的母親。母親叫我好好的待他。並且說、這位老人，既然精通數的道理，就請他推算推算，試試他看，究竟靈不靈。那裏知道、這位孔先生所推算的，雖然極小的事情，也沒有不靈驗的。

余遂啟讀書之念。謀之表兄沈稱。言郁海谷先生。在沈友夫家開館。我送汝寄學甚便。余遂禮郁爲師。

【註】遂、是就此立刻的意思。啟、是開。這裏可以照動字解釋。謀、是商量。開館、是從前教書的先生。在自己家裏開門收學生。或是借旁人的家裏頭收學生。都叫做開館。很像現在的私塾。寄學、就是寄住在這館裏頭讀書。甚、是極的意思。

【解】我聽了這位孔先生的話。就動了讀書的念頭。就同我的表兄商量。表兄、姓沈。單名一個稱字。表兄說、有一位先生。姓郁、名叫海谷的。在一位姓沈、名叫友夫的家裏頭。開了一個館。收學生讀書。你可以到那個館裏頭去寄住在那裏讀書。那是極方便的。我聽了表兄的話。就到沈家去。照了拜先生的禮節。拜了郁海谷做先生。

孔爲余起數。縣考童生。當十四名。府考七十一名。提學考第九名。明年赴考。三處名數皆合。

【註】爲字、要在右角上邊加一圈。意思同了替字差不多的。起字、是推算的意思。縣考、是從前縣裏的

考試．凡是沒有功名的讀書人．那怕你年紀怎樣大．都叫童生。了凡先生在那個時候．還沒有功名．所以只好算童生。童生第一次考試．要在他本縣的知縣那裏去考的．所以叫縣考。知縣是一縣的主．管理一縣百姓的官。譬如我們上海．就是一個縣．就有一位知縣官。縣考過了．就要到知府那裏去考了．就叫府考。在明朝時候．同清朝差不多的．聚了好幾個縣．併成功一個府。一府的主．叫做知府。所有屬在這一府裏的各縣．都是這一位知府管的。譬如我們上海．本來屬松江府的．所以就歸松江府知府管。聚了好幾府．併成一省。一省的主．從前叫做巡撫．也叫做撫臺。所有一省裏頭的各府各縣．都歸這巡撫管的。不過前面說過的順天府．那就比了別種府．大不相同了。因爲順天府．就是北京。皇帝住在那裏的．所以就很闊了。那個一府的主．不稱知府．稱做府尹。比了外省的撫臺．雖然小一些．但是比了普通的知府．就要大得多了。一縣的考試．是歸知縣主管的。一府的考試．是歸知府主管的。但是一省的考試．却又不歸巡撫主管了．另外歸提學主管的。提學也是一省只有一個。不過提學只管考試讀書的童生．同了已經進了學的秀才。他不管百姓的．也不管地方上種種事情的。在一省裏頭管考試童生．同了秀才．提學要算是最高級的官了．也可以叫提督學院．省便些說．就叫提學．也可以叫學政．俗話叫做學臺．這是高等的考試官。因爲可以稱做提督學院．所以到他那裏去考．就叫做院試。所說的提學考．就是這一種。合、就是對的。

【解】孔先生就替我推算我註定的數。說是我做童生的時候．縣考應當考在第十四名．府考應當考在第七十一名．提學考應當考在第九名．孔先生是這樣說的。那裏知道到了明年．三次考試果然縣考第十四名．府考第七十一名．提學考第九名．名數一些不差．完全對的。

復爲卜終身休咎。言某年考第幾名。某年當補廩。某年當貢。貢後某年．當選四川一大尹。在任三年半．即宜告歸。五十三歲八月十四日丑時．當終於正寢。惜無子。余備錄而謹記之。

【註】復字要在右邊上角加一圈．意思同了又字再字差不多的。卜、是占卜。或是起課．或是算命．都叫卜。休、是吉祥。咎、是凶險。廩、是比秀才高一級的功名。童生進過了學．在三年裏頭．還有兩種的考試。一種叫歲考．一種叫科考．都是到學臺那裏去考的。考得好．就可以補廩生。廩生、廩字本來是藏米的倉庫．大的叫倉．小的叫廩。做了廩生．公家每年有米給他吃的．所以叫廩生．仿彿官得的俸．做官的人所得的薪水叫俸．不叫薪水。廩生是有額子的．必須歲考或是科考考得名次高的。等到廩生有缺出來了．就把名次最高的補缺．所以叫補廩。若是沒有空缺．那末儘管名次考得高．也補不到的。貢、是貢生。貢生有五種．是恩貢、拔貢、副貢、歲貢、優貢。恩貢．就是歲貢．不過他做歲貢的那一年．剛巧碰到皇帝有大典

的年份．就叫恩貢了。拔貢要十二年考一次．碰到酉年．像乙酉、丁酉、己酉、等年要考了．每一縣只有一個額子．可以考取的。副貢、是鄉試考取副榜的。秀才去考舉人．叫鄉試。鄉試分正榜副榜兩種。考中正榜的．就叫舉人。差一些的．只能夠考中副榜．就叫副貢．俗話就叫半個舉人。這種副貢．若是要考中舉人．還是要去鄉試的。優貢、三年考一次．一省裏頭．只有幾個人。像我們江蘇省只有六個額子．所以只取六人。考拔貢優貢．都要平時考試的成績好。還先要教官在學臺那裏保送．這個人品行學問都好．纔可以去考。拔貢、優貢．都在學臺那裏考的。這裏所說的貢．是歲貢。新補缺的廩生．在許多老廩生裏頭．名次應該排在末後一名。名次在前面的廩生．出了缺．名次在後面的廩生．就漸漸的推上去。推到第一名．就應該要做歲貢了。做了歲貢．就算出學了．也可以叫出貢。大尹、就是知縣。從前有一個很大的衙門．叫吏部。全國大大小小各種官．或是升高．或是降低．或是輪到了可以補缺．或是犯了罪．要革去他的官職．變成沒有功名的人．都是吏部衙門管的。補知縣官的缺．方法也多得很．歸吏部挑選出來．也是一種方法。在任、是在任上．就是在做官的時候。正寢、是正式的臥房。終、是末了的意思。一個人到末了的時候．就是死了。凡是一個人好好的死的．大都是死在自己臥房裏床上的。說得好聽些．就叫壽終正寢。備、是完全。錄、是記出來。〇大典、是新皇帝登基．或是皇太后、皇帝、皇后的生日．或是皇帝結婚．都是的。從前皇太后、皇帝、皇后、的生日．叫萬壽．就是壽長到一萬歲的意思。皇帝結婚．叫大婚。酉年、在後邊還會講到的。

【解】孔先生又替我推算終身的吉凶。說那一年考取第幾名．那一年應當補廩生．那一年應當做貢生。等到出了貢後．那一年應當選到四川省去做知縣。但是在知縣任上三年半．就應該告退回去。到了五十三歲的八月十四日丑時．應當死了。可惜沒有兒子。孔先生這樣說．我就把他一句一句都寫出來．謹謹慎慎記住了。

自此以後．凡遇考校。其名數、先後．皆不出孔公所懸定者。

【註】校、本來是比較的意思。考校、就是考試。孔公、就是前面所說的孔先生。稱做公．是尊重他的意思。懸定、是預先猜定的意思。

【解】自從這一次孔先生說過了後。我凡是碰到考試．所考到的名數。或是高．或是低．都不出孔先生預先算定的數目。

獨算余食廩米九十一石五斗．當出貢。及食米七十一石．屠宗師卽批準補貢。余竊疑之。

【註】廩米、就是廩生所應該得的米。但是到了後來、就把米折了現錢發了。所以領到的都是現錢。宗師、是稱呼學臺的。是一種尊重的稱呼。廩生補貢生、都歸學臺考定的。所以歸屠宗師批准。竊、就是私底下。

【解】孔先生所算我命裏頭註定的數、都靈驗的。獨是算我吃廩米、應該吃滿了九十一石五斗、方纔出貢。那裏知道不過吃到七十一石、學臺屠宗師就批准我補貢生了。補了貢生、是廩生已經出了缺了。所以廩米也吃不到了。我私底下疑惑孔先生推算的、有些不靈了。

後果爲署印楊公所駁。直至丁卯年、殷秋溟宗師見余場中備卷。歎曰、五策、卽五篇奏議也。豈可使博洽淹貫之儒、老於窗下乎。遂使縣申文准貢。連前食米計之、實九十一石五斗也。

【註】署字、就是代的意思。署印、就是署缺。從前做官、有幾種分別。一種叫補缺、那是這一個官的缺、歸這個人補了。不升官、不犯法、就可以做滿一任、或是接連做幾任、每一任大概是三年。一種叫署缺、那是這個缺、或是已經有人補了、那個補了缺的官死了、或是另外有別種的緣故、不能夠到任了、或是做錯了事情、把他調開了、或是原來正在做的事情、一時不能夠放手、那末他的上司、也就要另外派

一個同他差不多大小的官，去代替他，這就叫署缺，也可以叫署理。還有一種叫代理，那是沒有署理那麼長久了。署理做得好，就有補缺的希望。代理本來最多不過二三個月，但是做得好，也有改做署理的希望。丁卯、是紀年份的。譬如清朝的光緒皇帝，他末一年，是光緒三十四年。等到宣統皇帝登基了，又要從宣統皇帝紀起，就又變成宣統元年了。每次更換一朝皇帝，就一定要從元年紀起，那就不容易計算了。不像外國人，從耶穌生到世界上的那一年紀起。一直下來到現在，有一千九百四十二年，那種紀法，就容易得多了。現在我們民國，也照這個方法紀算年份了。不過要講到推算數的方法，那就不能夠不用這種干支了。丁字、叫做天干。卯字、叫做地支。天干、是甲乙丙丁戊己庚辛壬癸十個字。地支、是子丑寅卯辰巳午未申酉戌亥十二個字。用天干十個字，同了地支十二個字，輪流排起來。譬如第一年是甲子，第二年就是乙丑，第六十年就是癸亥。滿了六十年，又要倒過來了。第六十一年，又是甲子年了。講究起課算命的，全靠這種天干地支來推算的。不但是年份是這樣紀的，就是月份、日子、時辰，也都是這樣輪流排的。考試的方法，明朝清朝，有不相同的地方。我姑且把清朝的考試方法，大略說一些。凡是讀書人，已經考到了秀才的，每三年裏頭，還要到學臺那裏去考。歲考科考各一次。科考去不去，可以隨便的。歲考是不可以不去的。考試做的文章，要寫在一種像摺子那樣的紙上，叫做卷子。從前秀才貢生，去考舉人，叫鄉試。考中了舉人，再要考上去，考進士，叫會試。考中了進士，再要考上去叫殿試。因爲是到皇帝的宮殿上去考的．所以叫殿試。那前幾名是皇帝親自點定的．所以從第一名狀元起．一直到翰林．叫點狀元．點翰林．就是這個緣故。第二名叫榜眼。第三名叫探花。第四名叫傳臚。第五名以下都叫翰林了。鄉試最高的考官．是每一省兩個人。每一省有一處鄉試的地方。在清朝時代．安徽省考試的人．併在江蘇省一起考的。考中的額子．也格外多一些。這是只有江蘇安徽兩省特別的。這種考官．是皇帝在許多讀書出身的官裏邊．考取了派出來的。一個叫正主考．一個叫副主考。還有許多幫主考看文章的人．叫房官。那是要看省份的大小．考試人的多少．定房官的人數。最少的八個．最多的十八個。這些房官看他的一房裏頭．可以考中幾個舉人．本來有一定額子的。他們就把文章好的卷子．比一定的額子．加上一二三倍．挑選好了．送給主考．叫做薦卷。歸主考去揀定考中不考中。但是房官預備薦的卷子．若是太多了．就要把薦卷裏頭差一些的卷子抽掉的。這抽掉的卷子．就叫備卷。不過備卷又有兩種．在房官那裏的備卷．叫房備。還有一種叫堂備的．那是主考預備考中的卷子。也因爲太多了．中的額子不够了．把預備的卷子．差一些的抽掉了。這種抽掉的卷子．叫堂備。這是清朝鄉試會試的規矩。在學臺那裏考的．都沒有這種備卷的辦法。殷宗師所見到的備卷．或者就是了凡先生鄉試的卷子。策、是文章的種類。大概是出了一條一條的題目．叫考的人一條一條的對答．叫做策。這不但是看他的文章．做得好不好．也可以看他的見識高不高。五策、是五篇策。清朝在歲考科考的時候．是沒有策的。鄉試第三場．照例是五道策。或者也就是了凡先生鄉試卷子裏頭的策奏議、是從前做大官的．有什麽意思向皇帝當面說．或是寫出一大篇來．請皇帝批的．都叫奏章．是因爲寫的紙．不是一張張的．是摺成像摺子一樣的．所以又叫奏摺。議、是議論。做大官的爲了國家．或是爲了百姓．有什麽應該興起來做的事情．或是應該改變的、革除的事情．把自己的主意向皇帝請求．叫做奏議。博字、是多的意思．就是說各種事情．各種學問．通得多．看得多．聽得多。洽字、是和合的意思．就是說學問不但是看得多．聽得多．還能夠把各種學問的道理．和合起來．打通起來。淹、是深的意思．也是樣樣懂得的意思．就是說學問深．又能夠各種學問都曉得到透底。貫、是通的意思．就是學問精通得很。這四個字．都是稱讚學問又多、又深、又好的意思。儒、是讀書人。窗下、是說一個人在書房間窗底下．讀書用功．就是說一生一世．埋沒不出頭的意思。申文、是下屬對上司所上公文的格式．從前下對上所用公文的格式．多得很．有叫申的．有叫詳的．有叫呈的．有叫稟的．要看怎麽樣的公事．就用怎麽的格式。准、是准許的意思。

【解】屠宗師雖然批准我補貢生．但是後來果然被署理學臺的楊宗師駁掉了．不准我補貢生。一直到了丁卯那一年．殷秋溟宗師看見我考場裏頭預備考中的卷子．沒有考中．代我可惜。所以歎了一口氣道．這本卷子所做的五篇策．好得很．竟是對皇帝上的奏摺一樣的議論．要不是有大學問的人．

怎麽做得出呢。像這樣有大學問的讀書人．怎麽可以放他埋沒到老呢。就吩咐縣官．替我上公事到他那裏去．准我補貢生。經過了這種的波折．又多吃了幾時的廩米．計算起來．連前所吃的七十一石．恰好補足九十一石五斗。

余因此益信進退有命．遲速有時．澹然無求矣。

【註】澹、同淡字一樣的．是不熱心追求的意思。

【解】我因爲經過了這種曲折。更加相信一個人的上進．或是退下．都是命裏頭註定的。交運交得慢．或是交得快也都有一定時候的。所以一切都看淡了．聽他自然．不去追求了。

貢入燕都．留京一年。終日靜坐．不閱文字。己巳歸．遊南雍．未入監．先訪雲谷會禪師於棲霞山中。對坐一室．凡三晝夜不瞑目。

【註】補了貢生．應該要送到皇帝在北京所設立的大學堂．叫國子監裏頭去用功的．所以叫貢入燕都。燕、是北方的地名．就是前清的北京。都、是皇帝所住的城．俗話叫京城。因爲皇帝住在北京．所以叫做燕都．也可以叫燕京。明朝時候．在南京北京都有國子監的。現在有了大學堂．國子監就廢掉了。因

爲國子監到了後來．只有這空名目了．沒有實在的了。閱、就是看。古時候皇帝所設立的大學堂．叫辟雍。到了明朝．因爲國子監就是皇帝所設立的大學堂．所以也可以叫做辟雍。南雍、就是南京的辟雍．簡單些說．就叫南雍。禪、是佛法各派裏頭的一種。佛法有禪宗、律宗、淨宗、相宗、等種種派別。禪宗、是印度達摩祖師傳到中國來的．所以佛教頭裏．都把達摩祖師稱做第一祖。達摩祖師一代一代傳下來．傳到慧能禪師．已是第六代了．所以把慧能禪師稱做六祖。有一部專門講禪宗的經．叫六祖壇經．就是六祖說的佛法。這本了凡四訓．不是專門講佛法的．所以不詳細講了。倘然要曉得佛法各派的詳細．可以請一本佛法大意的白話文來看．那就都可以大畧曉得了。現在先大畧講一個禪字。佛法裏頭修行的方法很多的。禪、是梵文．就是印度國的文字。本來是禪那兩個字．簡單些就只用一個禪字。禪那是翻譯印度的音。這個禪字的意思．就是靜慮。解釋起來．是靜心思慮。心雖然寂靜不動．但是仍舊有思想考慮的用的。不過這種思想考慮．不是轉亂念頭．是修行修到功夫深了．雖然說是思想考慮．但是這個心．還是寂靜不動的。禪、是各種修行方法裏頭的一種．很不容易修的。若是能夠修成了．就登時可以成佛的。修的時候．必須沒有一些亂念頭。專心想我自己．在父母沒有生我的時候．我是怎樣的一個。或是我自己在念佛的時候．想這念佛的．是那一個。這種方法．就叫參禪。參禪的道理很深的．方法很多的．這裏不過大畧講講。若是要曉得明白．就要詳細看各種講禪的經書了。禪師、是專門講究參禪的法師、雲谷又叫法會、俗家是浙江嘉興府嘉善縣人、研究禪宗、很精深的、大家推他是中興禪宗的祖。晝是白天。棲霞山在南京江寧府江寧縣、是一座有名的山。暝目、就是閉了眼睛。〇中興、是衰敗後、又興起來。

【解】出了貢照明朝的規矩、就應該要到國子監去讀書的。所以我就到燕都去、住在京城裏頭一年。一天到夜、靜坐不動、不說話、也不轉念頭。不論是書不是書、凡是文字、一概都不看。到了己巳那一年、回到南京。到皇帝所設在南京的大學堂、就是進國子監去讀書。但是我到了南京、還沒有進國子監的前先、到棲霞山去拜見雲谷會禪師。我同了雲谷會禪師兩個人、面對面坐在一間屋裏頭、三日三夜、連眼睛都沒有閉。

雲谷問曰、凡人所以不得作聖者、只爲妄念相纏耳。汝坐三日、不見起一妄念、何也。

【註】妄念、是不正的念頭、就是胡思亂想。

【解】雲谷禪師問我道、凡是一個人、不能夠做成聖人、爲的是什麽、就只爲這種胡思亂想的念頭太多。被這種胡思亂想、把本來清清淨淨的心、攪擾得不清淨了、就成了一個庸庸碌碌的凡夫、不能夠成聖人了。我看到你靜坐了三日．一個亂念頭都不起來．怎麽能够這樣呢。

余曰。吾爲孔先生算定。榮辱生死。皆有定數。即要妄想。亦無可妄想。

【註】榮是榮華富貴．體面闊綽的意思。辱、是沒有面子．失意得很．就是榮華富貴的反面。

【解】我回答他道．吾被孔先生算命算定了。我的命裏頭得意失意活幾歲幾時死都有註定的數．沒有法子可以更變的。就是要亂想得什麽好處、也是想不到的．所以老實不想了。不想得什麽好處就沒有希望的心。命裏頭註定沒有什麽危險．也就沒有恐嚇的心．這兩種心都沒有．自然沒有亂念頭了。

雲谷笑曰。我待汝是豪傑。原來只是凡夫。

【註】才幹聰明勝過一百個人的叫豪．勝過十個人的叫傑．豪傑同了英雄差不多的。不過英雄都是懂些武藝的．豪傑是性情很爽快度量很寬大的人．不一定會武藝的。所以文的人也可以稱豪傑的。

【解】雲谷禪師一邊笑．一邊說道。我想你是一個了不得的豪傑．所以我拿對待豪傑的心思對待你。那裏知道．你原來是一個庸庸碌碌．沒有用的平常人。

問其故。曰、人未能無心．終為陰陽所縛．安得無數。但惟凡人有數。極善之人．數固拘他不定。極惡之人．數亦拘他不定。汝二十年來．被他算定．不曾轉動一毫．豈非是凡夫。

【註】凡是講起課算命的．不論什麼事情．都有陰陽的分別的。一切推算的方法．都是從陰陽裏頭．變化出來的．所以也可以說陰陽就是氣數。

【解】我聽了雲谷禪師說我是凡夫．我不明白．為什麼要說我是凡夫。所以我問他．說我是凡夫的緣故。雲谷禪師道、凡是一個人．能夠一些胡思亂想的心都沒有．那就差不多成了佛菩薩．不是凡夫了。因為平常的人．都不能夠沒有胡思亂想的心的。既然不能夠沒有胡思亂想的心．那就要被陰陽束縛住了。一個人會被陰陽束縛住．就是被氣數束縛住。會被氣數束縛住．怎麼還可以說沒有數呢。雖然說數是一定有的．但是只有平常的人．纔會被數所束縛。若是一個極善的人．數就拘束他不住。因為極善的人．儘管本來數裏頭．註定他要吃苦的．但是他倘然做了極大的善事．這大善事的力量大得很．就可以苦變成樂了．貧賤短命．都可以變成富貴長壽了。反過來說。極惡的人．數也拘束他不住的。因為極惡的人．儘管本來數裏頭．註定他要享福的．但是他倘然做了極大的惡事．這大惡事的力量，也是很大的，就可以福變成禍了，富貴長壽，都可以變成貧賤短命了。你近來的二十年，都被孔先生算命算定了，不曾把數轉動得一分一毫，反被數把你拘束住了。一個人會被數拘束住的，就是凡夫。這樣看來，你還不是一個凡夫是什麼呢。

余問曰、然則數可逃乎。曰、命由我作，福自己求。詩書所稱，的為明訓。我教典中說，求富貴得富貴，求男女得男女，求長壽得長壽。夫妄語乃釋迦大戒，諸佛菩薩，豈誑語欺人。

【註】的字、是的確的意思。典、就是經。佛教裏頭的人說起來，就是佛教的經。道教裏頭的人說起來，就是道教的經。雲谷禪師、是佛教裏頭的法師。所說的教典，一定是說佛教的經。下邊所說的，求富貴得富貴、求男女得男女、求長壽得長壽、三句，就都是佛經裏頭的話。楞嚴經、法華經、裏頭都有說到的。雲谷禪師把各部經裏頭說到這三種意思，集合攏來，做成了這樣三句。釋迦、就是釋迦牟尼佛。現在寺院裏頭大殿上三尊大佛，中間的一尊，就是釋迦牟尼佛，是現在世界上的教主。戒字、是禁止的意思。佛法裏頭，凡是不應該做，做了有罪過的事情，都要禁止的。禁止得最厲害的，犯了罪業最重的，有五種。叫做五戒，也叫做大戒。五戒、第一是殺戒。殺不獨是說殺人，凡是殺有生命的東西，那怕極小的一

個螞蟻．殺死了．也是犯殺戒的。第二、是盜戒。盜不獨是做强盜．凡是人家的東西．不論大小．值錢不值錢．不論是搶是偷．都是犯盜戒的。第三、是淫戒。淫就是姦淫人家的女人．不獨是有淫的事情做出來．也不論女人是願意．或是不願意．只要有淫的意思．也就犯淫戒了。第四、是妄語戒。妄語有四種．一種叫誑語．也可以就叫妄語．是說假語．欺騙人。一種叫兩舌．是搬弄是非。一種叫惡口．是咒罵人家。一種叫綺語．是喜歡說輕薄的話。這四種．都可以叫妄語．犯了一種．就犯了妄語戒了。第五、是酒戒。喝酒雖然沒有什麼大壞事．但是酒喝多了．人就要糊塗的．那就什麼壞事都會做出來了。前邊所說的四戒．都可以因爲喝醉了酒犯的．所以酒戒也是很重要的。○教主、是一教的主。

【解】我問雲谷禪師道．照你這樣說起來．究竟這個數．還可以逃得過去麼．雲谷禪師道．命實在並不是一定的．都由我自己去做成的。我做了善事．命就好了。我做了惡事．命就不好了。福也是要自己去求的。我做了善事．就是本來沒有福的．也就會有福了。我做了惡事．就是本來有福的．也就沒有福了。從前各種詩書裏頭．所說的．是的的確確．明明白白的好教訓。我佛教的經裏頭說．一個人要求得富貴．就得富貴。要求得兒女．就得兒女。要求得長壽．就得長壽。這幾句經的意思．就是說、一個人只要肯做善事．命就拘束他不住了。本來命裏頭不富貴的．也可以得到富貴了。本來命裏頭沒有兒女的．也可以得到兒女了。本來命裏頭是短命的．也可以得到長壽了。佛菩薩這幾句話．若是靠不住的．那就是假話了。假話、是釋迦牟尼佛最重大、最要緊的戒。豈有佛菩薩還會亂說假話．欺騙人的麽。

余進曰、孟子言．求則得之。是求在我者也。道德仁義．可以力求。功名富貴．如何求得。

【註】這一段了凡先生的問。雲谷禪師的回答。都是引孟子卷七盡心篇裏頭的話。一定先要明白了孟子上原來的文字．纔能够懂得他們兩人問答的意思。原來的文字是孟子曰求則得之舍則失之．是求有益於得也．求在我者也。求之有道．得之有命．是求無益於得也．求在外者也。孟子這幾句話的意思是叫人要返躬自省．不要向外馳求。所以說我心裏頭本來有的道德仁義．只怕不肯向心裏頭去追求。若是肯自己追求。那就立刻可以得到的。倘然你放棄了．不向自己心裏頭去求．那就立刻可以失掉的。所以只要能够求．一定能够得到的．是求確實有益的．這是因爲所求的在我自己心裏頭的緣故。講到功名富貴雖然也有求的方法．但是不能够求了一定會得到．得到得不到．要聽天由命的．沒有把握的．是求也沒有益的．這是因爲所求的在我身外邊的緣故。道德、是一個人樣樣守規矩．存好心．沒有惡念頭．不做壞事情。仁、是愛人的心。義、是做應該做的事．不做不應該做的事。○一部孟子．總共分做七篇。每篇都有一個名目的．這第七篇．就叫盡心。返躬自省、向外馳求、八個字．下邊會講

明白的．

【解】我聽了雲谷禪師的話．心裏頭還不明白．又進一步問道。孟夫子說過的話．凡是求起來．就可以得到的．這是說在我自己心裏頭可以做得到的事。若是不在我自己心裏頭的事．那怎麼可以一定求得到呢。譬如說道德仁義．那是全在我自己心裏頭的。我要做一個有道德的人．那末我就成了一個有道德的人。我要做一個有仁有義的人．那末我就成了一個仁義的人了。這是可以盡了我的力去求的。若是功名富貴．那是不在我心裏頭的．是在我身體外邊的。是要旁人肯給我．我纔可以得到的。倘然旁人不肯給我．我就沒有法得到的．那末我怎麼樣可以求呢。

雲谷曰、孟子之言不錯．汝自錯解耳。汝不見六祖說．一切福田．不離方寸。從心而覓．感無不通。求在我．不獨得道德仁義．亦得功名富貴。內外雙得．是求有益於得也。

【註】福田、是譬喻的話。這個田、不是種五穀菜蔬的田地．是沒有形象的．實在就是心。心裏頭想有功德的念頭．做有功德的事情．那功德就漸漸的一天大一天。功德一天大一天．福也一天大一天。像把種子下在田裏頭種的東西．一天一天長大起來一樣。所以把心來比田地．就是這個意思。方寸、是方

方一寸、就是指心。覓、是尋找的意思。感、是感動引動的意思。了凡先生照了孟夫子的話、又進一步問、本來是不錯的。但是雲谷禪師是用佛法來推廣解釋的、所以說了凡先生錯了。這是讀這本書的人、不可以不知道的。

【解】雲谷禪師道、孟夫子的話、本來說得不錯的、你自己解釋錯了。你不看見六祖壇經裏頭、有幾句話、說是所有各種的福田、都是在各人心裏頭的。沒有離開了心、在心的外面、另外有什麼福田的。所以種福種禍、全在各人自己的心。不論什麼事情、只要向自己的心裏頭去找。要找好的、就得到好的。要找壞的、就得到壞的。只要你去感動他、引動他、就沒有走不通、做不到的。能夠向自己心裏頭去求、那就不獨是心裏頭的道德仁義、可以求得到。就是在身外面的功名富貴、也可以得到的。並且可以不去求、自然會得到。因爲有道德仁義的人、大家一定都喜歡他、敬重他的。所以功名富貴、不消去求、旁人自會給他的。那就心裏頭的道德仁義、身外面的功名富貴、都得到了、所以叫做內外雙得。這是說求是有效驗的、有益處的、不過還是要向心裏頭求的。

若不反躬內省、而徒向外馳求、則求之有道、而得之有命矣。內外雙失、故無益。

【註】躬、就是身體、也就是自己。省、是查察。徒字、是白費功夫的意思。馳字、有亂跑的意思。

【解】命裏頭有功名富貴的．那末就是不去求．也會得到的。命裏頭沒有功名富貴的．那就用盡方法去求．也是得不到的。所以一個人、若是不曉得回轉來．向自己的心裏頭查察查察．追求追求．白白的向外邊亂找亂求。就是你像煞有求的方法．但是得到得不到．還是完全聽天由命．自己沒有絲毫把握的。這就合了孟夫子所說的求之有道．得之有命的兩句話了。所以就是有得到的．究竟還是命裏頭本來有的。並不是求的效驗．求的益處。所以一定要可以求得到的．纔去求。不可以求得到的．就不必去亂求。倘然你一定要去求．那就不但是身體外面的功名富貴．不能夠求得到。並且因爲過份亂求．過份貪得．什麼都不顧．不合道理的事也去做了．不合仁義的事也去做了．那就把心裏頭本來有的道德仁義．也失掉了．豈不是內外雙失麼。所以亂求是沒有效驗．沒有益處的。

因問孔公算汝終身若何。余以實告。雲谷曰、汝自揣應得科第否。應生子否。

【註】揣是猜想的意思。凡是考試得來的功名．像從前的舉人、進士、翰林等等．都是考試考得好．纔得到的。從舉人起．一直到翰林．都稱科第。

【解】雲谷禪師還要開導我．所以上邊的話．剛纔說完．就接上去再問我道。孔公算你的命．一生一世．到底怎樣。我就把孔公算我．某年考得怎麼樣．某年有官做．幾歲要死的話．詳詳細細．老老實實告訴雲谷禪師。雲谷禪師聽了我的話．又問我道。你自己猜想．你應該考得到科第麼．應該生兒子麼。

余追省良久、曰、不應也。科第中人．類有福相。余福薄．又不能積功累行．以基厚福。兼不耐煩劇。不能容人。時或以才智蓋人。直心直行。輕言妄談。凡此皆薄福之相也。豈宜科第哉。

【註】追省、是查察從前過去所做的一切事情。良久、是很長久的意思。福相的相字．要在右角上邊加一圈。這個相字不獨是說相貌．連性情度量．都包括在裏頭的。累字同了積字一樣的意思。功、是功德。行字．要在右邊上角加一圈．就是做善的事情。基、是根基。倒過來說．就是做成厚福的根基。兼、是並且的意思．是兩件事情都有的意思。劇、是煩雜細碎的意思。容字、是大度包容的意思。蓋字、是遮蓋．就是說自己算自己有本事．要勝過旁人的意思。直字、是沒有私心．沒有彎曲的心．本來是好字眼．不過這裏所說的直心直行的直字．是要說就說．要做就做．向前直進、不顧一切的意思。

【解】我聽了雲谷禪師問我的話．我自己回轉來查察我從前過去所做的事情．查察了很長久的時候．回答雲谷禪師道．我不應該得科第．也不應該生兒子。因爲有科第的人．都是有福相的。我相薄．所以福也薄．又不能積功德．積善行．成立厚福的根基。並且我不能够忍耐擔當瑣碎重大的事情。旁人有些不對的地方，不能够大度包容，性情躁急，度量淺狹。有的時候，我還要自尊自大，把才幹、把智力、去蓋過旁人。心裏頭想怎麼樣，就做出怎麼樣的事來。隨便亂講亂談。像這樣種種的舉動，都是薄福的相，怎麼能够考得到科第呢。

地之穢者多生物，水之清者常無魚、余好潔，宜無子者一。和氣能育萬物，余善怒，宜無子者二。愛爲生生之本，忍爲不育之根，余矜惜名節，常不能舍己救人，宜無子者三。多言耗氣，宜無子者四。喜飲鑠精，宜無子者五。好徹夜長坐，而不知葆元毓神，宜無子者六。其餘過惡尚多，不能悉數。

【註】穢、是不潔淨。好潔、好徹夜長坐、的兩個好字，那要在右邊上角加一圈。意思就是喜歡。育、是養的意思。善字要在右角上邊加一圈，有容易、喜歡、做得好、種種的意思。怒、是發火。愛、是有愛人的心，就是仁。所以這個愛字，應該當做仁字解釋，不是現在所講愛情的愛。仁愛是公的，愛情是私的。仁、像果子核裏頭的仁，像桃仁、杏仁、一樣的。果子裏頭的仁種，在泥裏頭，就會生長起來。生長了，就結果。果裏頭又有仁，仁種了，又結果。是生了又生，永遠生長不停，所以叫仁是生生的根本。忍字、有好壞兩種說法。若是照堅決，或是照忍耐講，自然是好的。但是這裏的忍，是當殘刻、硬心腸講的。把這個字拆開來講，

上邊是一個刃字．就是一把刀．下邊是個心字．意思就是這個心兇狠得極像刀一樣。矜、也是愛惜的意思。名、是名聲。節、是一個人應該守的規矩．應該守的做人的道理。舍字、要在右角上邊加一圈．同捨字一樣的．是拋開放掉的意思。耗字、是多費．也有傷害的意思。鑠、是消滅的意思。徹夜、就是通夜全夜。葆元、是葆養元氣。毓字、同育字差不多．也是長養的意思。神、是人的元神。過、是過失．就是錯處。悉字、是完全的意思。

【解】喜歡潔淨．本來是好事情．但是不可以過分的．過了分．就變成怪脾氣了．所以說越是不潔淨的地．越會多生出東西來。反過來說．很清淨的水．不會生東西的．所以清水裏頭常常沒有魚的。我過分的喜歡潔淨．就變成一個不近人情的人了．這是沒有兒子的第一種緣故。不論什麼東西．都靠了天地的和氣．像很好的日光．和暖的風．滋潤的雨．纔會生長起來。若是只有像夏天那種很厲害的太陽．一陣一陣的狂風暴雨．那末東西就要毀壞了．那裏還會生長呢。我常常發火．只像了夏天的太陽．沒有一些和氣．怎麼會生育兒子呢．這是沒有兒子的第二種緣故。仁愛、是生生的根本．若是一味忍心．就沒有慈悲的心了．沒有慈悲的心．就是沒有仁心．像果子一樣．沒有仁．怎麼會生發生長呢．所以說、忍是不會生養的根。我但曉得愛惜自己的名節．常常不肯不顧到自己．把自己拋開了．去救救旁人．積一些功德．這是沒有兒子的第三種緣故。說話太多了．容易傷氣．我又喜歡多說話．傷了氣．身體就不强健了．那裏還會有兒子呢．這是沒有兒子的第四種緣故。一個人全靠精氣神三種．纔能够活命．多喝酒．最容易消散精神．一個人精不足．怎麽會生兒子呢．就算生了．也是不壽長的．這是沒有兒子的第五種緣故。一個人日裏頭不應該睡．到了夜裏頭．又不應該不睡．我常常喜歡通夜長坐不肯睡．不曉得葆養元氣元神．這是沒有兒子的第六種緣故。除了上邊所說的各種．還有別種的過失罪惡．多得很哩．說也說不完的。

雲谷曰．豈惟科第哉。世間享千金之產者．定是千金人物。享百金之產者．定是百金人物。應餓死者．定是餓死人物。天不過因材而篤．幾曾加纖毫意思。

【註】材、是本來的質地。篤、就是厚。纖毫、是極小極少的一些。

【解】雲谷禪師聽了我的話．又說道。照你這樣說起來．豈但只有科第．不應該得．恐怕不應該得的事情還多得很哩。世界上的人．在一樣的境界．在同一的時候．好的儘管好．苦的儘管苦．各色各樣．都不相同。要曉得有福沒有福．都是在自己心地上造出來的。明白的人曉得都是自作自受．糊塗的人．就都推到命上去了．說是命裏頭註定的了。譬如世界上能够享到值一千金產業的福的．一定是有一千金福的人．能够享到值一百金產業的福的．一定是有一百金福的人．應該餓死的．一定是應該受餓死報應的人。這都是各人自己造成的。上天不過就各人本來的質地。加厚一些罷了。善的人自己能夠積德。天就像本來在生長的東西那樣。下些雨露去滋潤他。加多他應該受的福。惡的人自己儘管造孽。天就像要倒的東西那樣。降些風雨去吹倒他。加重他應該得的禍。天不過就他本來的質地上加重一些罷了。另外並沒有一絲一毫別的意思。曾字、要在左角下邊加一圈。有做過的意思。幾曾加三個字。就是幾時加過纖毫別的意思在裏頭。

即如生子。有百世之德者。定有百世子孫保之。有十世之德者。定有十世子孫保之。有三世二世之德者。定有三世二世子孫保之。其斬焉無後者。德至薄也。

【註】世、是一代的意思。斬、是斷絕的意思。至字、是很字極字的意思。

【解】這一段、是雲谷禪師借世界上俗人的見解。來勸了凡先生的。希望了凡先生努力積德。並不是眞正佛法的道理。雲谷禪師接下去說道。就像生兒子也是看下的種怎樣的。種下很厚。結的果也厚。種下得薄。結的果也薄。譬如一個人。積了一百代的功德。就一定有一百代的子孫。可以保住他的福。積了十代的功德。就一定有十代的子孫保住他的福。積了三代或是二代的功德。就一定有三代二代的子孫。保住他的福。這是一定的道理。那些只享一代的福。到了下一代就斷絕沒有後代的。那是他的功德極薄的緣故。恐怕不但是功德極薄．老實說、還恐怕罪孽積得不少哩。

汝今既知非。將向來不發科第．及不生子之相．盡情改刷。務要積德。務要包荒。務要和愛。務要惜精神。從前種種．譬如昨日死。從後種種．譬如今日生。此義理再生之身也。

【註】從前得科第叫做發科發甲．實在就是發達的意思．所以不得科第叫做不發科第。刷字、是譬如一件本來是不潔淨的東西．把他洗刷潔淨．就是把過失改去的意思。務要、就是一定要的意思。包荒兩個字、出在易經上泰卦裏頭．是包容荒穢的意思．就是包含一切、不揭穿旁人的短處。○易經、同了卦．下邊會講明白的．看到那裏．應該注意看看。荒穢兩個字．是不整齊清潔的意思．就是比喻一個人的壞處。

【解】雲谷禪師接下去說道。你既然說到你種種的短處．那是你已經曉得自己的不是了。那末你就應該把你向來不能夠發科發甲．同了沒有兒子的種種福薄相．盡你的心．盡你的力．把一件一件的改得淸淸淨淨。各個人都有各樣的病根的．能夠對準他的病．用藥去醫．沒有醫不好的。刻薄造孽的人．一定要反過來積些功德。只覺得自己有本事．喜歡說他人短處的人．一定要反過來替人包含一切。性情殘刻的人．或是喜歡發火的人．一定要反過來對人和氣．並且要常常發慈悲心。多說話．多喝酒的人．一定要反過來愛惜他自己有用的精神。你從前所犯的種種病根．完全拔得淸淸淨淨．譬如你昨日已經死了．從今天起完全改變．重新做一個人。以後一切的一切．譬如今天剛剛生出來。能夠做到這樣．那你就是重新再生了一個義理的身命了．不是一個尋常血肉的身命了．是一個了不得的高尙人了。因爲你能夠把自己種種的壞習氣．完全滅掉．種種的病根完全拔去．你的身體既然完全改變了．那末你的命運．也就可以完全同從前大兩樣了。

夫血肉之身．尙然有數。義理之身．豈不能格天。太甲曰、天作孽．猶可違。自作孽．不可活。詩云、永言配命．自求多福。孔先生算汝不登科第．不生子者．此天作之孽．猶可得而違。汝今擴充德性．力行善事．多積陰德．此自己所作之福也。安得而不受享乎。

【註】格、是感動的意思。也可以說人極淸淨的心．極誠懇的心．可以同天相通的意思。從前學生．讀了四書再讀五經。四書、是大學、中庸、論語、孟子。五經、是詩經、書經、禮記、易經、左傳。書經是一篇一篇的。太甲、是書經裏頭一篇的名目。孽字、是災害的意思。也可以當做惡因解釋的。天作孽．就是說天降的災。

自作孽．就是說自己造的惡因。違字、當做避字免字解釋。或者當做改變解釋．有挽回轉來的意思。詩、就是詩經。永、是永遠．就是常常的意思。言字、是想念的意思。配字、是合的意思。命字、就是天道．也就是天命。人的貧富貴賤、長壽、短命都是天所派定的．所以叫做天命。登科第的登字．同了得科第的得字．發科第的發字．一樣的意思。簡單說起來．也可以只說登第。一個人的性．本來是善的．有道德的．所以叫做德性。擴充、是放大的意思。陰德、是說做善事做得旁人都不曉得．那末這種功德格外的大．報應也格外的好。若是做了善事．能夠把他自己做了善事將來有好報應的念頭．一齊都放開了。那就善心更加眞．更加大．並且不想得好報應．倒反好報應更加大．更加好。倘然做了一些善事．大家都曉得某人是慈善家．那就是已經得了好名聲．功德就不大了．也就不能夠稱做陰德了。○惡因的因字．是根本的意思。是種子的意思。有了因．纔會生出果來。譬如把一粒穀種在田裏頭．就會生出米來。這一粒穀就是因。生出來的米．就是果。所以把孽字解釋做惡因．就是有了造孽的因．一定會生出受苦報應的果來的。造孽、是不好的種．所以說是惡因。若是積功德．就要說是善因了。

【解】我們這種血肉的身體．尚且有一定的數。豈有這種義理的身．倒反不能夠感動天的道理。書經裏頭太甲篇上說道．天降給你的孽．或者還可以避開。若是一個人自己作了孽．那就一定要受報應不能夠舒舒服服．活在世界上了。這是說禍是自己求的。詩經裏頭有兩句詩說道．一個人應該常常自己想念自己、所做的一切事情、合不合天道。能夠自己常常查考查考、那就不會做不合天道的事情了、那末所做的事情、一定都是好事善事了、還有不得到好報應的麽。所以很多很大的福、自然會有了。這是說福是自己求的。這樣說起來、禍福都是自己求的。要禍就自己求禍、要福就自己求福、一切全在乎自己。孔先生算你的命、不能夠得科第、不會有兒子、雖然是命裏頭註定的、但這是天替你註定的、可以改變的。你只要把你本來有的道德的天性、漸漸的把他放大起來、充滿起來。盡你的力量、多做善事。多積陰德。這就是自己所造的福。自己造了福、自然會有許多很大的好報應、旁人不能夠來奪你的。那裏有自己不能夠受這種好報應、享這種大福的道理呢。

易爲君子謀、趨吉避凶。若天命有常、吉何可趨、凶何可避。開章第一義、便說積善之家、必有餘慶。汝信得及否。

【註】易、是易經。君子、是仁義道德的人。謀、是替人打算的意思。趨、本來是快走的意思、也有到那一個地方去的意思。有常、是有一定的意思。開章、是一部書的開頭第一章。易經開頭第一章、是講乾坤二卦的。積善之家、必有餘慶兩句、就是在坤卦裏頭講到的。餘、就是多。慶、就是福。

【解】易經一部書、都是講天道人道的。處處警戒人要小心謹慎、勿做壞事、把人道去配合天道。所以替君子人打算．一個人要向吉祥的那一方去。要避開凶險的地方．凶險的事情。若是說上天給我的命．是一定不能夠改變的．那末怎麼能夠跑向吉祥的那一方去呢．也怎麼能夠避開這個凶險呢。易經開頭第一章、就說積善之家．必有餘慶。這兩句的意思．就是說一個人家．能夠專門做善事．積成了好多的功德。那就可以享長久的福．不但是本身有福．還有多餘下來的福．可以傳到子孫都享到．所以叫做餘慶。照易經上的話講起來．命是的確不能夠拘束人的。一個人所碰到的苦境界．樂境界．都是活動得很的．沒有一定的。只要看這個人的念頭行動．是善是惡罷了。念頭行動是善的．自然會碰到樂境界。念頭行動是惡的．自然要碰到苦境界了。這種話．你能夠眞實相信一些沒有疑惑麼。

余信其言．拜而受教。因將往日之罪．佛前盡情發露。爲疏一通．先求登科。誓行善事三千條．以報天地祖宗之德。

【註】疏、是一篇文字．把心裏頭所要說的話．一齊老老實實寫出來。誓、是立誓．俗語叫做罰咒。

【解】我相信雲谷禪師的話．受雲谷禪師的教訓。並且向雲谷禪師拜．顯出我敬重佩服的意思。一個人有了罪惡．要遮遮蓋蓋．怕人曉得．那末這種罪惡．就是大罪惡了。若是肯向佛菩薩面前．或是尊長面前．自己把從前所做錯了的事情．所犯過的罪惡．完完全全．一些不隱瞞的說出來。不但是懊悔從前已經做了的錯事犯的罪惡。還要立誓後來永遠不再犯。那末這種罪惡。重的可以減輕。輕的可以消滅。這都是佛菩薩說的。所以我把自己從前所犯的罪過。不論輕的重的。大的小的。到佛面前去。完完全全一齊說出來。並且還做了一篇文字。先求能夠得到科第。還立誓做三千件善事。報答天地祖宗生我的大恩大德。

雲谷出功過格示余。令所行之事。逐日登記。善則記數。惡則退除。且教持準提咒。以期必驗。

【註】格、是一種格式。自己做了一件有功德的事。記在功的一格下邊。做了有罪過的事。記在過的一格下邊。格裏頭註明白的功小的。算一功。或是二三功。大的算十功。或是數十功百功。過小的、算一過。或是二三過。大的、算十個。或是數十過百過。小罪過可以把小功德來抵銷的。大罪過。那就一定要有極大的功德。纔能夠抵銷哩。這是自己管自己最好的方法。咒、是佛說的一種最有效驗。最容易壓伏妖魔百怪的秘密口訣。像軍營裏頭的秘密口令差不多的。準提咒、是準提佛所說的。持、本來是拿住在手裏頭的意思。念經念咒。常常用一個持字。叫做持經持咒。就是譬如一件東西。牢牢的拿住在手裏頭。一些不放鬆。念咒叫持咒。就是要這樣的切切實實念。不可以放鬆的意思。期字、是希望的意思。

【解】雲谷禪師聽了我立誓要做三千條善事．就把一種功過格給我看。要我照了功過格所定的方法去做．把我所做的事不論善的惡的．每日記在功過格裏頭。做了善事．就記明白在功字一格下面。做了惡事．就記明白在過字一格下面。不過做了惡事．還要看惡事的大小．把已經記了的功來減去除去。並且還叫我念準提咒．更加上一重佛的力量．希望我所求的事．可以一定有效驗。

語余曰、符籙家有云．不會書符．被鬼神笑．此有秘傳．只是不動念也．執筆書符．先把萬緣放下．一塵不起。從此念頭不動處．下一點．謂之混沌開基．由此而一筆揮成．更無思慮．此符便靈。凡祈天立命．都要從無思無慮處感格。

【註】符同了咒有些像的。不過咒是念的．符是要用硃筆寫在黃紙上．用來鎮壓邪魔．或是燒化了．把灰和在水裏頭．一同吞下肚去．用來治命的。符有各種樣子．就有各種用處。籙是一種圖．同符差不多的。從前人做到了皇帝．天就會把這種籙給他的。或是做極大的神天也把籙給他的。有一種人．專門用畫符籙的功夫．就成了符籙的專門家．所以叫做符籙家。萬緣的緣字．有會合攏來的意思。一個人心上的念頭．一個一個的起來．都是想那一件事情．或是想那一件東西．這個心同了事情、或是東西接觸．就叫緣。心裏頭的念頭．忽然一個起來．忽然一個放下．又另外一個起來．多到沒有數目可說．所

以叫做萬緣。塵、本來是灰塵。這裏說一個人的心，本來是淸淸淨淨的，因爲被身外邊種種引誘我的壞事像不好的聲音、顏色、貨物、錢財等，纏住了我的心心就不淸淨了。譬如一件極淸淨的東西被灰塵遮住了一樣，所以叫做塵。混沌、是一團元氣，沒有破開的意思，所以從前天地沒有開闢，叫做混沌，像一個小孩被胞胎包住在裏頭沒有破開的時候一樣。一個人在極小的時候，一些知識沒有開，也可以叫做混混沌沌。祈、是求的意思，也就是禱告。慮、是想同了念頭兩種意思。

【解】雲谷禪師又向我說道，有一種畫符籙的專門家有一句話，說一個人若是不會畫符，要被鬼神笑的。所以畫符也應該要學會的。畫符有一種秘密的方法傳下來的，實在也並沒有別的什麼秘密，只是不動念頭罷了。捏了筆要畫符的時候，不但是不可以有不正當的念頭，就是正當的念頭，也要一齊不動，一齊放下。把心打掃得淸淸淨淨沒有一些些念頭夾雜在裏頭，有了一些念頭，就是不淸淨了。到了念頭一些些不動的時候，用筆在紙上邊點一點，這一點就叫做混沌開基。因爲完全的一道符，都是從這一點開頭畫起的，所以這一點，是完全一道符的根基。點、是一些沒有什麼花樣的，是混混沌沌的，所以叫做混沌。有了這一點，就可以畫成一道完全的符，這一點點上了，就開了全道符的根基，所以叫做混沌開基。有了這一點，就從這一點起，一筆不斷的畫下去，直畫到一道符完完全全的畫完。從一點起，一直到畫完沒有一些些別的念頭，那末這一道符，就很靈驗的。不但是畫符不可以夾雜一些亂念頭，凡是禱告上天，有什麼請求，或是求改變自己註定的命運，都要從沒有亂念頭上去用功夫。纔能夠感動上天，把自己誠心禱告的意思，通到上天去。

孟子論立命之學，而曰夭壽不貳。夫夭與壽，至貳者也。當其不動念時，孰為夭，孰為壽。細分之，豐歉不貳，然後可立貧富之命。窮通不貳，然後可立貴賤之命。夭壽不貳，然後可立生死之命。人生世間，惟死生為重。曰夭壽，則一切順逆皆該之矣。

【註】夭、是短命。貳、是不一樣。不貳、是沒有分別。豐字、本來是年歲好，收成好。歉字、本來是年歲荒，收成不好。這裏是說一個人的景況。豐、是富。歉、是貧。窮、是苦，不發達。通、是發達。該、是包括的意思。

【解】這裏所引孟夫子的話，也是在孟子末後盡心篇裏頭的。總共是三句，叫夭壽不貳，修身以俟之。所以立命也。孟夫子講究立命的道理。說到短命同了長壽，沒有分別，並沒有兩樣。若是粗粗一看，覺得奇怪得很，因為短命同了長壽，是恰巧相反的，很有分別，極不一樣的，怎麼說是一樣呢。要曉得一個人在最初的時候，一些些念頭完全沒有動的時候，譬如一個小孩，還在胞胎裏頭，那個時候，曉得什麼短命長壽的分別。等到出了胞胎，落下地來，漸漸的有了知識，有了分別的心。曉得了這樣要的，那樣不要的．這樣好的．那樣不好的．到了這個時候．前生所造的善業惡業．都要受到報應了．那末就有短命同了長壽的分別了。一個人的命．本來是自己造的．所以叫做立命。若把這立命兩個字細細的分開來講．那末豐同了歉．要看得沒有兩樣。不可以豐的仗了有錢有勢．隨便亂來。要曉得儘管有錢．還是要規規矩矩。歉的也不可以說我已經是一個窮人了．隨便做出壞事來．或者偷或者搶．都沒有什麼關係了。要曉得儘管窮．還是應該要安分守己做好人。能夠做到這樣．纔可以把本來貧的命．改變成富的命．本來富的命．改變成更加富得多．或是富得長久的命了。窮同了通．要看得沒有兩樣．不可以窮的自己想我已經很不得意了．就不顧一切．隨便荒唐．要曉得儘管不得意．還是要規規矩矩。通的更加不可以仗了我有勢力．就隨便做欺壓旁人的事情．造出種種的罪業來．要曉得一個人越是得意．越是要轉有道理的念頭．做有道理的事情。能夠做到這樣．纔可以本來窮的命．改變成通的命．本來通的命．改變成更加得法．更加發達的命了。夭同了壽．要看得沒有兩樣．不可以說我是短命的人．不長久就會死的．趁今天還活著在那裏．就隨便做做惡事．只顧眼前舒服．要曉得已經生成了短命．更加應該要做好人．希望下一世不要短命．就是這一世．或者也可以把壽延長一些。壽的也不可以想我是享長壽的人．活在世界上的時候還長久得很哩．就拚命的亂弄．造孽的錢．預備慢慢的享用．或者在女色上．做種種不應該做的事情．要曉得壽長是不容易得的．應該要格外的做好人．

纔可以保住他的長壽。能夠明白了這種道理，那末本來夭的命，也可以改變做壽了，本來壽的命，更加可以改變做格外的長壽，或者享了長壽，身體還可以强健哩。一個人在世界上，只有這生同死的關係，最是重大，所以夭同了壽，就是最重大的事情了。既然說到這最重大的夭同了壽，那末此外一切順的境界，像上邊所說的豐同了通，逆的境界，像上邊所說的歉同了窮，都可以包括在裏頭了。因爲說了重的夭壽，那末輕的豐歉同了窮通，當然可以包括在裏頭了。所以孟夫子講立命，不過講到夭壽，沒有講到豐歉窮通，就是這個道理。

至修身以俟之，乃積德祈天之事。曰修、則身有過惡，皆當治而去之。曰俟、則一毫覬覦，一毫將迎，皆當斬絕之矣。到此地位，直造先天之境，即此便是實學。

【註】俟、是等候的意思。覬覦、是非分的希望。就是一個人本分裏頭，不能夠得到的希望。譬如一個一些地位沒有的人，希望要得最高的地位，豈不是不在本分裏頭的希望麼。這就叫做覬覦。將迎、同了送迎一樣的解釋。一個人心裏頭的念頭，一個去了，叫做將。立刻又有一個念頭來了，叫做迎。造字、要在右角上邊加一圈，就是到的意思。易經裏頭，有先天後天兩種說法。先天、是說一個人還沒有生出來的時候，所受到的元氣，這是渾渾沌沌清清淨淨，一些沒有什麼夾雜在裏頭的。後天、是說一個人

生出來了後，所有的質地，一個人能夠做到像上邊所說的那種地步，那末這種人的程度，很高很高了。心裏頭一些雜亂念頭，都沒有了。淸淸淨淨，直到先天的境界了。

【解】孟夫子所說修身以俟之一句話，是說一個人都要自己修。勿放這個身體，有一些過失罪惡，就盡了自己的本分了。若是命的能夠改變，不能夠改變，那是積德的事，求天的事。不過既然說到一個修字，那是身上有一些些過失罪惡，都應該像醫治病症一樣的醫治，把這種過失罪惡，要完全去掉他。說到俟、是要等到修的功夫深了，命自然會變好的。不可以有一絲一毫本分裏頭得不到的希望。也不可以放心裏頭的念頭，亂起亂滅。凡是這種不可以得到的希望，胡亂的念頭，都要完完全全斬掉他，斷絕他，使得他一絲一毫都沒有。能夠做到這種地位，那是已經一直到了先天不動念頭的境界了。不要說還能夠做到別的，就像上邊所說的那種樣子，已經就是實實在在的學問了。

汝未能無心。但能持準提咒，無記無數，不令間斷。持得純熟，於持中不持，於不持中持，到得念頭不動，則靈驗矣。

【註】令字、是放字讓字的意思。間斷的間字，要在右邊上角加一圈。間斷、是念念停停的意思，純、是完完全全一些不夾雜別的意思在裏頭。純熟、是念得極熟，心裏頭只有念咒，不夾雜一些些別的亂念

頭在裏邊的意思。

【解】你所轉的一切念頭、同了你所做的一切事情、還都是有心轉的、有心做的、還不能夠做到自然而然、一些不著痕跡的地步。所以講到修心修佛法、還是不很相宜。不過這種功夫、不是短時期裏頭能夠做到的。你倘然能夠念準提咒、不要念了多少徧、記上一點、或是記上一圈。也不要五十一百的數淸徧數。只要能夠儘管一心的念下去、不放他間斷。念到極熟的時候、自然會口裏頭儘管在念、自己不覺得我在念咒、這就是佛書裏頭叫做持中不持。在不念的時候、心裏頭不知不覺的還是在念、這就叫做不持中持。念咒念到這樣的地步、那就除了念咒外、不但是什麽念頭都沒有、連這念咒的念頭也都沒有了、這纔可以叫持得純熟。因爲念咒的是我、固然忘記了、並且連念的是咒、同我在這裏念、也都不知不覺了。不論念咒念佛、能夠念到這種樣子、那就我呀、咒呀、念呀、三種打成一片。自然不會再有別種亂念頭、夾雜在裏面了、那末念的咒、也自然沒有不靈驗的了。但是這種功夫、一定要多念靜念到了這種地步、纔能夠明白這種情景。不到這種地步、不論你怎樣講、恐怕終是不明白的。

余初號學海。是日改號了凡。蓋悟立命之說。而不欲落凡夫窠臼也。從此而後。終日兢兢。便覺與前不同。前日只是悠悠放任。到此自有戰兢惕厲景象。在暗室屋漏中．常恐得罪天地鬼神。遇人憎我毀我．自能恬然容受。

【註】臼、本來是打米的傢伙。窠、就是鳥的窠。窠臼兩個字併在一處．是老套子老格式的意思。就是俗語說、一個印板裏出來的意思。因爲打米的臼。不管一千個一萬個．都是一個樣子的．所以拿臼來譬喻。兢兢、是小心謹愼的意思。悠悠、是糊糊塗塗．一天一天糊糊塗塗混過的意思。放任、是沒有拘束．隨隨便便的意思。戰字、是懼怕。戰兢、是懼怕謹愼的意思。有懼怕恭敬的心思．叫惕．惕是憂懼的意思。有防危慮險的心思叫厲。厲是危險的意思。暗室、是黑暗的房間。屋漏、是內室的西北角。一個人單零零在黑暗的房間裏頭．沒有人看見的．那末隨便什麼壞事．都可以做出來了。但是雖然沒有人看見．還是不可以做虧心的事。因爲內室的西北角．在那個地方有神常常看住人的。一個人做好事壞事．神都替他記起來．將來要總算帳的。所以一個人不論在什麼地方．都不可以做一些虧心的事的。憎字、是討厭的意思。毀字、是說壞意思。恬然、是心裏頭很安逸很舒服的意思。容受、是接受不計較的意思。

○內室、就是裏面房屋．或是睡的房間。

【解】我起初的號叫學海．從那一天雲谷禪師教了我上邊所說的種種話．我就改了號．叫了凡。因爲我明白了立命的道理．不要同尋常的凡夫一樣。把凡夫的見解．完全掃光．所以叫了凡。從那一天以後．就一天到夜．小心謹愼時時刻刻存一種懼怕的心。自己也就覺得．比了從前大不相同了。從前儘是糊糊塗塗隨隨便便無拘無束。到了現在．自然的有一種小心謹愼．又懼怕．又恭敬．時時刻刻．恐防有危險到來的景象。雖然在黑暗的內室裏面沒有人看得到。但是一間內室的西北角那邊．常常有神明在那裏的．所以我儘管在那種地方．也常常恐怕得罪天地鬼神。碰到了討厭我．說壞我的人．我也自然能夠舒舒服服的接受．不同旁人計較爭論了。

到明年禮部考科舉．孔先生算該第三．忽考第一。其言不驗．而秋闈中式矣。

【註】在明朝清朝時候．皇帝那裏的大官．有六個部．叫吏部、戶部、禮部、兵部、刑部、工部。這禮部是管一切禮節、教育、風俗、考試等事情的。同了現在的教育部差不多的。不過明朝的考法．同了清朝又不大相同的。凡是讀書人考到了秀才．再要考上去．想考中舉人．那就要去鄉試了。明朝的考試法．在鄉試前．先要到禮部去考一次。考取了．纔能夠去鄉試。這種考試．就叫考科舉．清朝雖然也有這種規矩．但是不消到禮部去考的。在學臺科試的時候．考在三等前十名以上的．也已經算有科舉．可以鄉試了。闈、就是考場．鄉試一定在秋天的八月．所以鄉試的考場．就叫秋闈。因爲恐怕有人私底下進出作弊．又用一種有刺的棘樹．插在闈牆上面．所以也叫做棘闈。中式的中字．要在右邊上面加一圈的．中式、

就是考中的意思。

【解】我見到了雲谷禪師的明年，到了鄉試的年份了。照考試的規矩，應該先到禮部去考科舉。孔先生算我的命，應該考第三名，那裏知道忽然考了第一名。孔先生的話，已經不靈了。孔先生沒有算我會考中舉人的，那裏知道到了秋天鄉試，竟中了舉人。這都不是我命裏註定的。雲谷禪師說，命可以改造，一個人不可以被命拘束的話，到了現在，我更加相信了。

然行義未純，檢身多誤。或見善而行之不勇。或救人而心常自疑。或身勉爲善，而口有過言。或醒時操持，而醉後放逸。以過折功，日常虛度。自己巳歲發願，直至己卯歲，歷十餘年，而三千善行始完。

【註】行、就是做的意思。行義、是做應該做的事情。未純、是有些勉强，不能夠自然而然，放大膽子去做應該做的事情。檢、是查察，也有揀選的意思。誤、是錯。不勇、是不能夠放大膽子，一直向前。操、是守住的意思。持字、是把住的意思。放字、是放肆。逸字、是拘束不住的意思。折字、是相抵的意思。己巳、己卯、都是記年歲的天干地支。從己巳歲到己卯歲，搭著十一年。善行、是善的事情。

【解】我雖然像上邊所說，把自己的過失，改好了許多。但是碰到應該做的事情，還是不能夠一心一意的做。還是夾些勉強．不能夠自然而然的去做。自己檢點自己身體上．覺得過失還是很多。看見善的事情．雖然肯做但是還不能夠放大膽子．一直向前拚命的去做。或是到了救人的時候．還是心裏頭常常疑疑惑惑沒有決定的心去救人。身體上雖然勉強做善事．但是口裏頭常常說犯過失的話。或是清清醒醒的時候．還能夠自己守得住．把得牢。但是喝酒喝醉了．就要放肆了．自己管束不住自己了。雖然常常做善事積了些功德．但是過失也很多．拿功來抵過．恐怕還不夠。一天一天的光陰．常常是虛度過去的。從己巳年聽了雲谷禪師的教訓．發願心要做善事三千條。一直到己卯年．經過十多年．剛纔把三千條善事做完。

時方從李漸庵入關．未及回向。庚辰南還．始請性空慧空諸上人．就東塔禪堂回向。遂起求子願．亦許行三千善事。辛巳、生男天啟。

【註】關、是山海關．在北京的北．關裏邊是中國的本部．關外邊就是現在的東三省。了凡先生在北京考中了舉人後．大約到關外去遊玩過的。到了那個時候．剛纔同了李漸庵先生回進關裏來了。回字、是回轉來的意思。向字、是歸向的意思。修行的人把自己所修的功德．回轉來把這種功德．歸向到隨便什麼上邊去．叫做回向。或是把功德回向到贖自己從前的罪孽。或是把功德回向到報天地父母

的恩。或是把功德回向到一切的眾生．代替眾生懺悔。只要肯誠心發願．都可以滿你的願的。南還的還字是回來的意思。上人、是有道德學問的出家人。東塔、是禪堂的名目。禪堂、是和尚修佛法的地方。○眾生、是從人起．一直到飛禽走獸蟲蟻等等．凡是有性命的．都叫做眾生。懺悔、是向佛前懊悔認錯自己所造的孽．求消滅已經造下的孽．並且立誓後來不再造孽．免得受苦報應。

【解】在那個時候．剛剛跟了李漸庵先生．從關外邊回進關來．沒有來得及把所做的三千條善事回向。到了庚辰那一年．就是己卯年的明年．從北京回到南邊。方纔請了性空、慧空、兩位有道的大和尚．借東塔禪堂．完了這個回向的願心。到了這個時候．我又起了求兒子的願心了．也是立願做三千條善事。到了辛巳年．是庚辰年的明年．生了你．就題你的名字．叫天啟。

余行一事．隨以筆記。汝母不能書．每行一事．輒用鵝毛管．印一硃圈於歷日之上。或施食貧人．或買放生命．一日有多至十餘圈者。至癸未八月．三千之數已滿。復請性空輩．就家庭回向。九月十三日．復起求中進士願．許行善事一萬條．丙戌登第．授寶坻知縣。

【註】書、就是寫字。輒字、是每次都是這樣的意思。硃、是紅色的硃砂。歷日是歷本．就是現在用的日歷。

施食、是拿吃的東西送給窮人。授、本來是教你給你的意思．這裏可以當做補缺解釋。就是補了實坻縣知縣的缺。

【解】我每次做一件善事．隨手就用筆記出的。你母親不會寫字．每次做一件善事．都用鵝毛管．印一個硃紅圈在日曆上面做一個記號。或是把吃的東西施送窮人．或是買活的東西來放生．都要記圈的。多的時候．一天要多到十幾個硃紅圈哩。一天有十幾個硃紅圈．就是一天做十幾件善事了。到了辛巳年的後二年．那一年是癸未年的八月。我所許下做三千條善事的願．方纔做滿。又請性空和尚等．就在家庭裏頭做回向。到了那年的九月十三日．又起了求考中進士的願了．又許願做一萬條善事．到了癸未年的後三年丙戌那一年．居然登第了。吏部就給我補實坻縣知縣的缺。

余置空格一冊．名曰治心篇。晨起坐堂．家人攜付門役．置案上．所行善惡．纖悉必記。夜則設桌於庭．效趙閱道焚香告帝。

【註】做官的坐在堂上辦公事．或是審問案子．叫坐堂。攜字、是拿的意思。家人、是自己身邊的下人。門役、是看門人。庭、是堂下邊階沿前面。效、是學樣的意思。趙閱道、名叫忭．是宋朝時候的人．做殿中侍御史。御史、是專門查察在京裏頭的．或是在外省的．不論是大官或是小官．若是做了隨便什麽壞事．或

是貪了財．或是冤枉了好人．或是仗了勢力．硬要百姓人家的女人．或是硬要錢財．只要被御史知道了．就要查查明白了．就要上奏皇帝．辦這個壞官的罪．極重的、就要殺了。御史也有好幾種名目．這殿中侍御史．大概是在皇帝身邊的．位子不很小的。趙公碰到有權勢的壞人．皇帝坦護的惡人．不怕他權勢大．也不管皇帝的袒護．就要上奏皇帝．把這種壞官惡官去掉．革他的官職．削他的權勢．沒有一絲一毫私心情面的．所以在那個時候．大家都叫他鐵面御史．他對付惡人．是這樣的厲害。但是他做人．倒一些不刻薄．很厚道的。在從前時代．凡是做大官的．或是有大功勞的．或是有大學問道德的．死過．後皇帝另外揀兩個很好的字．大約終是同這個人相配的．賞賜他．叫做諡法．趙公就得了清獻兩個字．所以大家就稱他趙清獻公。帝、就是天．也就是道教裏頭所說的玉皇大帝。

【解】我在做寶坻縣知縣的時候．我預備一本小冊子．有一格一格空的格子．這本小冊子．我叫他治心篇。意思是恐怕自己的心．轉不好的念頭．或是做不好的事情．時時刻刻留心．把這個心修好他。早晨起來坐堂審問案子的時候．叫當差的下人．拿這一本治心篇．交給看門人．放在公事案桌上邊。一天所做的善事惡事．雖然極小的．也一定記在這本治心篇上。到了夜裏頭．在庭心中間．擺了桌子．穿好了．做官穿的大袍子．頭上帶了紗帽．做照趙清獻公的好法子．點了香．告訴天帝．夜夜都是這樣的。

汝母見所行不多．輒顰蹙曰。我前在家．相助爲善．故三千之數得完。今許一萬．衙中無事可行．何時得圓滿乎。

【註】顰蹙、是緊皺眉頭憂愁的樣子。相助、是互相幫助．你幫助我．我幫助你。圓滿、是圓足完滿的意思。

【解】你的母親看見我所做的善事不多．常常緊皺了眉頭向我說道。我從前在家裏頭．幫你做善事．所以你所許做三千條善事的願心．能夠做完全。現在許了一萬條善事的願心．在衙門裏頭．沒有什麼善事可以做。那末要等到什麼時候．纔能夠圓足完滿呢。

夜間偶夢見一神人．余言善事難完之故。神曰、只減糧一節．萬行俱完矣。蓋寶坻之田．每畝二分三釐七毫。余爲區處．減至一分四釐六毫。委有此事．心頗驚疑。適幻余禪師自五臺來．余以夢告之．且問此事宜信否。

【註】偶字、不是常常有的、是恰巧有這麼一次的意思。神同了人相貌式樣．差不多的．所以也可以稱做神人。明朝時候．知縣衙門裏頭．收鄉下百姓的錢糧．是很重的。並且各地方各樣輕重很不公平的。了凡先生做寶坻縣知縣的時候．看見寶坻縣百姓．所出的錢糧太重。所以稟准了上司．奏明白了皇

帝．把實坻縣的錢糧減輕了．百姓就可以少出許多錢了．這是實坻縣全縣的百姓得到恩惠的。萬行的行字同了余爲區處的爲字．都要在右角上邊加一圈的。俱字、是總共的意思。區處、是分別的意思．整理的意思。委字、是的確實在的意思。適字、是恰巧的意思。五臺、是一座有名的大山．在山西省代州直隸州所管的五臺縣。有五個大山峯．叫做中臺、東臺、南臺、西臺、北臺。像五座高臺．所以叫五臺山。山上樹木很稀少的．山下多大寺院．是中國四大名山裏頭的一個．就是文殊菩薩的道場。○明朝清朝．在一省裏頭除了府同了縣．還有兩種州．一種叫直隸州．一種叫散州．直隸州比了府小一些．直隸州知州．比了知府也小一些．但是比了散州知州．雖然一樣叫做知州．就要大得多哩．散州知州．同了知縣一樣大小的。並且直隸州知州．自己既然不歸知府管．還有幾個縣歸他管的．不像散州知州．不但是沒有縣歸他管．他自己還要歸知府管哩．代州、就是山西省裏頭的一個直隸州．所以五臺等許多縣．都歸他管的。四大名山．是四座很有名的大山．一是浙江省寧波府定海縣管的普陀山．是觀世音菩薩的道場．一是四川省嘉定府峨眉縣所管的峨眉山．是普賢菩薩的道場。一是安徽省池州府青陽縣所管的九華山．是地藏王菩薩的道場。一就是這五臺山了。

【解】你的母親同我說上邊一番話的夜裏頭．我剛巧做一個夢．看見一位神人。我就告訴這一位神人說．我許了一萬條善事的願．不容易做完的緣故。神人回答我道．只不過你減錢糧的一件事情．你所許的一萬條善事、已經都完全滿足了。我聽了神人的話、自己想寶坻縣的田、每一畝本來要還銀二分三釐七毫、我覺得百姓錢出得太多、所以我把全縣的田、替他們清理一遍、每一畝田、應該完的錢糧、減到一分四釐六毫、這件事的確是有的。不過我心裏邊自己覺得奇怪、怎麽一些些的小事情、就會被神明知道。並且還疑惑怎樣只有這一件事情、就可以抵得一萬件善事。那個時候、恰巧幻余禪師從五臺山到寶坻來、我就把所做的夢、告訴幻余禪師、並且問幻余禪師、這一件事情、可以相信、還是不可以相信。

師曰善心眞切、即一行可當萬善。況合縣減糧、萬民受福乎。吾即捐俸銀、請其就五臺山齋僧一萬而回向之。

【註】吃素本來叫吃齋。所以預備了素菜素飯、請寺廟裏的苦惱和尚吃一頓飯、就叫齋僧。實在就是請僧衆吃飯。齋僧的菜大概只有一碗。不過一碗裏頭有幾樣素的東西一起燒的。這碗菜叫做羅漢菜。

【解】幻余禪師回答我道。做善事要做得眞、不可以有一些假的意思。要做得切實、不可以有一些虛浮的意思。那末就是只有一件善事、也可以抵得一萬件善事了。況且你減輕全縣的錢糧、全縣的百姓、都受到你這種減輕痛苦的恩惠。百姓減輕了痛苦、就受福不少了、怎麽不可以抵得一萬件善事呢。我聽了幻余禪師的話、立刻把我所得的俸銀捐出來、請幻余禪師就在五臺山齋僧一萬人、並且把齋僧的功德來回向。

孔公算余五十三歲有厄、余未嘗祈壽、是歲竟無恙。今六十九矣。書曰、天難諶。命靡常。又云、惟命不於常。皆非誑語。吾於是而知凡稱禍福自己求之者、乃聖賢之言。若謂禍福惟天所命、則世俗之論矣。

【註】厄、是災難。恙、是病痛身體不安的意思。無恙、就是安好。諶、就是相信。靡字、同不字一樣的意思。也可以當他沒有的意思。賢人、是極有道德極有學問的正人君子。不過比了聖人稍稍不及一些罷了。常、是常常這樣的、就是一定的意思。

【解】孔公算我的命、到五十三歲、應該有災難來了。我雖然沒有求天求壽、但是到了五十三歲那一年、我竟然一些沒有什麽病痛。現在又多活了十六年、已經六十九歲了。書經上說的天道是不容易相信的。人的命是沒有一定的。又說人的命沒有一定的、還是靠自己造的。這兩種話都不是騙騙人的假話。我到現在方纔知道、凡是說一個人的得禍得福、沒有不是自己去求來的。做惡事、就有禍來。

做善事．就有福來。這些話、實在都是聖人賢人的話。若是說禍同了福．都是天所派定的．那是世界上庸庸碌碌的俗人所說的。

汝之命．未知若何。卽命當榮顯．常作落寞想。卽時當順利．常作拂逆想。卽眼前足食．常作貧窶想。卽人相愛敬．常作恐懼想、卽家世望重．常作卑下想。卽學問頗優．常作淺陋想。

【註】顯、是發達．有大名聲。落寞、是冷落不交好運的意思。拂逆、是不稱心．不如意的意思。窶、是窮到沒有房屋可以住的意思。望、是名聲。望重、是名聲大了．大眾看重的意思。家世望重、是這一家的世世代代都有又大又好的名聲．人人看重的意思。頗字、有很字的意思．但是比了很字．又像輕一些。陋字、是器量小．見識不高．沒有學問的意思。

【解】你的命．不知道究竟是怎麽樣。就算你的命應該榮華發達的．還是要常常當做不得意想。就算碰到了很順當吉利的時候．還是要常常當做不稱心不如意想。就算眼面前儘管有吃有穿．還是要當做沒有錢用沒有屋住想。就算旁人個個喜歡你．敬重你．還是要常常小心謹愼．做恐懼想。就算你家裏頭世世代代有很大的聲名．人人看重你．還是要常常當做低微想。就算你學問很高深．還是要常常當粗淺想。這六種想法．都是從現在的境界．反面看去反面想去。能夠這樣虛心．還有道德不一天進一天．一天高一天的麼。

遠思揚祖宗之德。近思蓋父母之愆。上思報國之恩。下思造家之福。外思濟人之急。內思閑己之邪。

【註】揚、是傳開來的意思。愆、是過失。閑、是防的意思。

【解】講到遠、應該要想把祖宗的德氣．傳揚開來。講到近、應該要想父母若是有什麼過失．要替他們遮蓋起來。講到在上的．應該要想報答國家的恩。講到在下的．應該要想造成一家的福。講到對外．應該要想救濟旁人的急難。講到對內．應該要想防自己有什麼邪的念頭。這六種想法．都是正面的。能夠常常像這樣的存心．那裏還會做壞人呢．那裏還不會成正人君子呢。

務要日日知非．日日改過。一日不知非．即一日安於自是。一日無過可改．即一日無步可進。天下聰明俊秀不少。所以德不加修．業不加廣者．只爲因循二字．耽閣一生。

【註】俊秀的秀字、是秀氣不粗蠢的意思。俊、是一千個秀的人．或是一萬個秀的人裏頭．揀出一個最秀的人來就叫俊。業、就是所做的事業。廣、是大同了多的意思。因循、是貪圖安逸．得過且過．不肯向前的意思。耽閣的閣字．同俗體字擱字一樣的。耽閣、就是停住了．沒有進步的意思。

【解】一個人能夠自己知道自己的過失．纔能夠把過失改去。所以一定要天天知道自己有過失．纔能夠天天改。只要一天不知道自己的過失．就一天安安逸逸的算自己沒有過失。只算自己所想的念頭所做的事情．都是是的了。只要一天不改去一天的過失．就一天沒有進步．錯的還是儘管錯下去了。天底下聰明俊秀的人．實在並不少。所以道德不加上功夫去修．使得越修越好．事業不加上功夫去做．使得越做越大的緣故．就只是爲了因循兩個字。一個人只曉得貪圖安逸．不想前進．就耽閣了一生一世．沒有進步了。

雲谷禪師所授立命之說．乃至精、至邃、至眞、至正、之理。其熟玩而勉行之．毋自曠也。

【註】邃字、是深的意思。玩字、是細細的研究．翻翻覆覆要追尋出道理來的意思。勉字、是盡心盡力的意思。毋字、是禁止不許的意思。曠字、本來就是空．就是把光陰空過去的意思。

【解】雲谷禪師所教立命的許多話頭．實在是最精、最深、最真、最正的道理。你一定要細細的研究到極熟。還要盡了心．盡了力．照他去做。切不可以自己把大好的光陰．虛度過的。

改過之法

這本書的第一篇．是講一個人的命．可以自己造的。只要做善事．那怕你的命本來是苦的．可以改變好命。若是做惡事．那就命本來是好的．也可以改變苦命。全在自己去做的．命是拘束不住人的。那末一個人．既然不是生出來就是聖人．那裏能夠一些沒有過失呢。孔夫子說過的．只要有了過失．不怕改．那就可以過失多的．改成少的．本來過失少的．可以改成一些沒有過失。所以了凡先生在講過造命的道理．改命的方法．就接上去把改過的方法．詳詳細細說出來．教訓他的兒子。這第二篇．就是講改過的方法了。說到小的過失．尚且有了就要改。那末大的罪孽．自然不會再造了。所以說到過失．已經把罪業包括在裏頭了。

春秋諸大夫見人言動．億而談其禍福．靡不驗者．左國諸記可觀也。

【註】周朝到後來．周王的勢力很薄弱了。許多國度．都不服周朝的管束了。那個時候．叫做春秋時代。

春秋時代的人、那就大大的變壞了。做臣子的、可以殺國王了。做兒子的、可以殺父親了。孔夫子正生在那個時候、看見世界上亂得不像樣子了。就借用魯國本來有的一部書、叫春秋。拿來應該加添的地方加添些、應該減削的地方減削些、把那些無法無天的亂臣賊子、所做的無法無天的事情、都一件一件記下來、做成了一部書、仍舊叫春秋。諸字、是許多的意思。大夫、是一種官的名目。億、是猜想。臆、字同無字一樣的、就是沒有的意思。左、就是左傳、是一部書的名目。是孔夫子一個時候的人、姓左、名叫邱明做的。這一部書、是依照了春秋所記的事情、講得更加詳細些、把他來解釋春秋的。國、是國語、也是一部書的名目。是把春秋時代的各國、比較大一些的國、像魯、晉、吳、越、齊、楚、等國、所有大的事情、記成一篇一篇。記魯國的事的、就叫魯語。記晉國的事的、就叫晉語。不像左傳小的事情也都記的、所以記的事情不多。但是所記上的、就比左傳詳細。又同了左傳重複的倒又很少。這一部書、有些人說、也是左邱明做的。又有人說、不是左邱明做的。因為年代太遠了、沒有法子查考了。○史、是專門記一個國裏頭所出的大事情的書。一國有一國的史。臣子、是在皇帝或是國王那裏做官的、都稱做臣。亂臣、是叛逆的臣子、就是殺國王的那種臣子。賊子、是忤逆的兒子、就是殺父親的那種兒子。

【解】在春秋的時候、各國裏頭、許多做官的人、常常來來往往、交際很多的。他們看旁人的說話、是怎樣的、一舉一動、是怎樣的、就可以猜想這個人是怎樣的。就可以談論這個人、是有禍、或是有福了。因爲可以在說話舉動上邊看出這個人是厚道的還是刻薄的這樣的看法沒有不靈驗的你若是不相信像左傳、國語、各種書上所記的這種事情可以拿來看看就知道了

大都吉凶之兆。萌乎心而動乎四體。其過於厚者常獲福。過於薄者常近禍。俗眼多翳。謂有未定而不可測者。

【註】兆、是預兆。萌字、本來是生出芽來的意思也有剛剛生出來的意思。這個動字有聯帶的意思有通到四體的意思。四體、是兩只手臂兩只腿也叫做四肢。過、是過分是偏在一邊的意思。獲、是捉住就是得到的意思。翳、是遮眼珠的一種東西像白的皮差不多的。眼上有了這種翳就看不淸楚了也是一種眼病。測、是預先猜想的意思。

【解】大凡吉利凶險的預兆都在心裏面發出根苗來的。雖然根苗在心裏面發出來但是會表現到全身四肢上去的。譬如一個人厚道的那末全身四肢都穩重的。一個人刻薄的那末全身四肢都輕佻的。所以看人的禍福雖然根苗在心裏面看不見但是看外貌的四肢也就猜想得到了。一個人凡是偏在厚道一邊的一定常常得到福的。偏在刻薄一邊的一定常常接近禍的。俗人沒有見識眼光像被那種翳遮蓋了一樣所以什麼都看不到就說禍福沒有一定不可以預先猜想的。

至誠合天福之將至觀其善而必先知之矣。禍之將至觀其不善而必先知之矣。今欲獲福而遠禍未論行善先須改過。

【註】合字、是雙方相合的意思。天道是最誠實的沒有一些虛假的。倘然人能夠同了天一樣的誠實沒有虛假那就同了天道相合了。

【解】一個人能夠極誠實一些沒有虛假的心。這個心就可以同天的心相合了。並且能夠極誠心的做善事福自然就會來的。所以要曉得福是不是就會來只要看他做的事都是善的就可以預先知道他福就會來了。要曉得禍是不是就會來只要看他做的事都是不善的就可以預先知道他禍就會來了。現在若是要得到福要遠開禍。沒有講到做善事先要緊把過失改掉。

但改過者第一、要發恥心。思古之聖賢與我同爲丈夫。彼何以百世可師我何以一身瓦裂耽染塵情私行不義謂人不知傲然無愧將日淪於禽獸而不自知矣。世之可羞可恥者莫大乎此。孟子曰、恥之於人大矣。以其得之則聖賢失之則禽獸耳。此改過之眞機也。

【註】恥字、是怕難爲情、不好意思、覺得自己沒有面孔。師、本來是先生。可師、是可以做我的先生、我可以學他樣的意思。裂字、是破碎。瓦裂、是像一片瓦跌在地上、破得粉碎、意思是說結果很壞的。耽字、是快樂過分的意思。染字、是受著汚穢的意思、像一塊很潔白的布、染了顏色、就不潔白了。塵字、前邊已經講過的、都是世俗上引誘人的壞事、使得這個心不淸淨的。情字、是心的變動、像喜歡、發火、憂苦、快樂等種種、也都是使得這個心不淸淨的。傲然、是自大的意思。愧字、就是自己覺得難爲情。淪字、是沈下去的意思。羞字、同恥字差不多的。機字、本來是機器、一撥就會轉動的。這裏用一個機字的意思、是說心裏的念頭發動。倘然有恥心、能夠發眞心改過、這改過的念頭一動、就像機器那樣的靈動、所以叫眞機。這個機字、還有秘訣訣竅的意思在裏頭哩。

【解】改去過失、也有種種方法的。第一要能夠發怕難爲情、不好意思的心。想想古時候的聖人賢人、同我一樣的是一個大丈夫好男子。爲什麽他們就傳到了百世後、大家還要學他們的樣子。我爲什麽一身還不能夠有好結果、到了末後、還要像一片瓦那樣的跌成粉碎呢。這都是因爲自己過分快樂、染著塵俗的種種壞境界、誘惑了淸淨的心。還要私底下做種種不應該做的事、自己還要算旁人不曉得、儘管放大了膽、一些不怕難爲情的去做。一天一天的做過去、就一天一天的沈落下去、同了禽獸畜生一樣、自己還沒有覺著。世界上最是不好意思、最是難爲情的事情、還有比這個大的沒有呢。孟夫子說、一個一個恥字。爲什麼呢。因爲曉得了這個恥字、就會自己把過失盡力的改去。那就道德一天好一天。可以做聖人賢人了。若是不曉得這個恥字、就會放肆亂來。人格漸漸的失掉。就要同禽獸一樣了。這些話、都是改過的眞正的訣竅。

第二、要發畏心。天地在上。鬼神難欺。吾雖過在隱微。而天地鬼神。實鑒臨之。重則降之百殃。輕則損其現福。吾何可以不懼。

【註】畏字、就是怕。還有恭敬的意思在裏面。隱微是不顯露的地方。大家不看見的地方。鑒字、是像鏡子照的意思。臨字、是來字、到字、在我頭頂上面的意思。殃就是禍。損是減少的意思。

【解】改過的第二個方法。是要發怕懼的心。怕什麼呢。怕天地鬼神都在我的頭頂上面。鬼神不比人。什麼都看得到的。所以鬼神是不容易欺騙遮瞞的。吾雖然犯的過失在大家看不到的地方。但是天地鬼神實在是在我的頭頂上面。像鏡子那樣的照著我。看得清清楚楚。過失重。就有種種的禍降到我的身上來。就是過失輕。也要減少我現在所有的福。吾怎麼可以不怕呢。

不惟此也。閒居之地。指視昭然。吾雖掩之甚密。文之甚巧。而肺肝早露。終難自

欺。被人覷破。不值一文矣。烏得不懍懍。

【註】惟字、就是獨字的意思。閒居之地．是家裏頭閒住的地方．不是辦公事的地方。指視、在大學上有兩句話．叫十目所視．十手所指．就是說神明監察人的厲害。隨便什麼人．說一句話．做一件事．就像神明用十只手指點著他．十只眼睛看住了他一樣。這樣明明亮亮的監察．厲害不厲害呢。掩、是遮蓋。密、是秘密．一些不露出來。文之甚巧的文字．要在右邊上角加一圈．是遮飾的意思．覷字就是俗話的偷看。覷破、就是暗裏頭看破。烏字、同何字一樣的．就是怎麼的意思。懍懍、是懼怕恭敬的意思。

【解】不獨是像上邊所說的種種哩。雖然在家裏頭空閒的地方．不在辦公事的地方。但是神明的監察．還是厲害得很明白得很。你若是做了錯的事．雖然遮蓋得十分秘密．裝飾得十分巧妙。但是神明看起來．你的肺．你的肝．早就看透了．完全露出馬脚來了。就是要自己欺騙自己．也終是做不到的了。這樣的遮蓋裝飾．若是被旁人在暗裏頭看破了．這個人就一個錢都不值了。怎麼可以不常常存一條怕懼的心．恭敬的心呢。

不惟是也。一息尚存．彌天之惡．猶可悔改。古人有一生作惡．臨死悔悟．發一善

念、遂得善終者。謂一念猛厲、足以滌百年之惡也。譬如千年幽谷、一燈纔照、則千年之暗俱除。故過不論久近、惟以改爲貴。

【註】人的一口氣、一呼一吸、叫一息。彌字、是周徧布滿的意思。悔字、是懊悔的意思。猛字、是又勇又健的意思。遂字、是立卽的意思。滌字、是洗得很潔淨的意思。幽字、是暗。谷、是四面都是山、中間低的地、山裏頭的泉水流過的地方。俱、是完全。貴、是貴重、就是要緊的意思、有價值的意思。

【解】還不獨像上邊所說的種種哩。一個人只要一口氣還在、儘管有把天都可以遮瞞那樣大的罪惡、還是可以懊悔的、可以改去的。古時候有一個人、一生一世、儘管做惡事。但是他到了快要死的時候、忽然懊悔醒悟了、發一個大的善念頭、就立刻得到好死。怎麽會這樣呢、這就是所說的轉一個極勇猛極興奮的好念頭、可以把一百年所積的惡、一齊洗得乾乾淨淨。譬如一千年的一個黑暗的山谷、只要你拿一盞燈進去一照、剛剛燈光照到、就可以把一千年來的黑暗、完全除去了。所以過失不論長久犯的、或是新近犯的、只要能夠改、是最要緊、最有價值的。

但塵世無常、肉身易殞。一息不屬、欲改無由矣。明則百千年擔負惡名、雖孝子

慈孫。不能洗滌。幽則千百劫沈淪獄報。雖聖賢佛菩薩。不能援引。烏得不畏。

【註】塵世、是我們現在的世界。因爲有種種的不淸淨．所以有水旱刀兵等種種的災難．害得人受苦永遠受不完。不是一個很淸淨、像佛菩薩所住的、只有樂沒有苦的世界．所以叫塵世。殞字、就是死的意思。不屬、就是不歸我有了的意思。慈字本來是愛的意思。祖父同了孫子．已經隔開一代．不像父同了子那樣的嚴緊．是講愛的一邊多．講嚴的一邊少了。那末孫子同了祖．也是講親愛的分數多了．所以孫子可以稱慈孫。劫、有大劫中劫小劫的分別。二十個小劫．成一個中劫。四個中劫．成一個大劫。一個小劫．有一千六百八十萬年。一個中劫．有三萬三千六百萬年。一個大劫．有十三萬四千四百萬年哩。這是要看一個人所犯罪惡的大小怎樣了。罪大、那末受苦報應重．並且長久。罪小、那末受苦報應輕．並且不很長久。獄報、是在地獄裏頭受苦的報應。援字、本來是把手去牽的意思。援引、是有救他接引他的意思。

【解】雖然說、有過失只要能夠改。但是不可以想、好在犯了過失．可以改的．就常常犯了也不要緊．今天犯了明天改就是了．這是萬萬不可以這樣想的。若是這樣想．那就是有心犯了。有心犯．過失就更加重了。並且這種不淸淨的世界．沒有一定的．我今天還活在這裏．能夠保得住明天還活著不死麼。

我們這種血肉的身體極容易死的．只要一口氣不來．這個身體就不是我的了．就是要改．也沒有法子改了。並且一個人死了．什麽都拿不去．只有這個孽．還是跟了去的。死到陰司裏．還是要受報應的。明的報應．在陽世上千年百年的擔受惡名聲．雖然有孝的子．有慈的孫．也不能夠代替你洗乾淨的了。暗的報應．在陰司裏．還要千劫百劫的沈落在地獄裏邊．受種種的苦。雖然碰到了聖人、賢人、佛菩薩．也不能夠來救助你．接引你的了。怎麽可以不怕呢。

第三、須發勇心。人不改過．多是因循退縮。吾須奮然振作．不用遲疑．不煩等待。小者如芒刺在肉．速爲抉剔。大者如毒蛇嚙指．速與斬除．無絲毫凝滯．此風雷之所以爲益也。

【註】退縮、是退後不向前的意思。奮字、是向上用力的意思。振作、是打起精神來做的意思．剛巧是因循的反面。不用、就是用不著。遲字、是不立刻就做。疑字、是疑疑惑惑．沒有決定的心。不煩、是不消得的意思。待字、是等候的意思。芒字、本來是草的尖頭．這裏就是尖的意思。抉字、是挑出來的意思。剔字、是拔去的意思。嚙、就是咬。凝字、是定的意思。滯字、是積住的意思。凝滯兩個字併在一起．是停頓不爽快的意思。商朝末了一個王．叫紂王．這紂是一個很暴虐的王．他妬忌文王．就把文王捉來關在一個地

方．叫做羑里．羑里、也有叫做牖里的．在現在河南省彰德府湯陰縣的北．有一個小地名．叫牖城．就是從前的羑里。文王在監獄裏頭．就把最古時代伏羲帝所畫的八卦．詳細的研究推演。伏羲帝原來畫的卦．只有八個．所以叫八卦。文王把兩個卦疊起來．變成一個卦。所以每一個卦．就變成了六畫。原來伏羲帝的八卦．也就變成八八六十四卦了。八卦是☰乾、☱兌、☲離、☳震、☴巽、☵坎、☶艮、☷坤。每一個卦．有一種很深的道理．包含在裏頭的。乾卦的道理．同了天相像的．有剛健的性。坤卦同了地相像的．有柔順的性。離卦像火。坎卦像水。震卦像雷。巽卦像風。艮卦像山。兌卦像澤。各個卦．都有各種意義性質功用的。講究卦的人．在每一個卦裏頭．都可以看出來的。但是道理都太深了．很難明白的。決不是兩三句白話所能夠講明白的。並且同了這本書．沒有多大的關係．所以不詳細講了．大畧曉得一些就算了。起課算命等方法．大半都是從這種卦傳下來的。風雷益．就是六十四卦裏頭一個卦的名目。是巽卦、震卦二個卦．疊成功的。上半個是巽卦．下半個是震卦。巽是風．震是雷。風吹起來．雷動起來。風幫助雷．雷幫助風。不論什麼東西．就都會生長起來了。不論什麼東西．就都依靠了這風同了雷．得到了利益了。所以叫做風雷益。易經上解釋益卦的文裏頭．有君子見善則遷．有過則改的幾句話。一個人能夠看見了善．就到善的那一面去．覺得有了過失．就立刻把過失改掉．這是個個人有很大的利益的。了凡先生所以引用這個益卦的意思．就是爲了見善則遷．有過則改的幾句話。一個人能夠做到見善則遷．有過則改．那利益就多麽的大呀。○澤、是水多的地方。水、聚匯在一處的地方。○剛健、是强硬的意思。柔順、是和輭的意思。

【解】第三、必定要發一直向前的勇猛心。一個人的所以有了過失．不肯改掉．都是爲了貪圖眼前的舒服．得過且過．一些沒有起勁向上的心。只曉得向後退．不曉得向前進．所以過失就沒有改掉的日子。要曉得要改過．一定要起勁用力．敢說敢做．要改立刻就改．用不著拖拖宕宕．疑疑惑惑．也不消得今天等候明天．明天等候後天。小的過失．像尖的刺戳在肉裏頭．要趕緊拿他挑掉拔掉。大的過失．像毒蛇咬了手指一樣的厲害．倘然不把這一只手指斬去了．毒散開到渾身去．人就會死的．所以一定要用決絕爽快的手段．斬去這一只咬傷的手指．不可以有一絲一毫延宕疑惑的心。像易經裏頭的益卦．上半是巽象風．下半是震象雷．風起雷動．萬物都生長起來．利益是怎麽樣的大。易經上解釋益卦的文裏邊．還說到遷善改過．更加是做人最大的利益了。一個人若是知道風雷兩卦的所以有益．就知道改過的不可以稍有遲疑不決的心了。

具是三心．則有過斯改．如春冰遇日．何患不消乎。然人之過．有從事上改者。有從理上改者。有從心上改者。工夫不同．效驗亦異。

【註】具字、是完備的意思。斯字、是立卽的意思。患字、是恐怕擔心的意思。

【解】完備了上邊所說的恥心、畏心、勇心、三種心．那就能夠一有過失．立刻就改了。像春天的冰．是很薄的．一碰到太陽光．還怕不銷化麽。但是一個人的過失．雖然發了恥心、畏心、勇心．就會動到改過的念頭。但是要改過．還有三種方法哩。三種方法．一種是從事實上改的。一種是從道理上改的。一種是從心念上改的。因爲用的三種工夫．各不相同。所以得的效驗也自然不一樣了。上邊所說的三種改法．我再詳詳細細的講下去。

如前日殺生．今戒不殺。前日怒詈．今戒不怒。此就其事而改之者也。强制於外．其難百倍。且病根終在．東滅西生．非究竟廓然之道也。

【註】戒字、是禁止的意思。詈字、就是罵人。强字、要在左邊上角加一圈．是勉强的意思。制字。是硬壓住的意思。廓然、是拔除得乾乾淨淨。

【解】現在先把前邊所說從事上改的一句．說明白他。譬如前天殺了活的東西．今天起禁止不殺了。前天因爲發了火就罵人．今天起禁止不發火了。這種就是在事實上已經犯了過失後．禁止下次不再犯的方法。但是勉强壓住了．不放他再犯．是很難的。比了自然而然的改．要難到百倍哩。並且這種犯過失的病根沒有去掉．終究還在心裏頭。雖然一時勉强壓住了．還是要露出來的。東邊把他滅了去．西邊又生出來了。究竟不是拔除得乾乾淨淨．一些不存留的道理。

善改過者．未禁其事．先明其理。如過在殺生．卽思曰．上帝好生．物皆戀命．殺彼養己．豈能自安。且彼之殺也．既受屠割．復入鼎鑊．種種痛苦．徹入骨髓．己之養也．珍膏羅列．食過卽空．疏食菜羹．儘可充腹．何必戕彼之生．損己之福哉。

【註】上帝、就是說上天。戀字、是捨不得的意思。屠、就是殺。鼎、是古時候的人用這種三只脚的鼎燒吃的東西的。比了鼎大．但是沒有脚的．叫鑊．同了現在燒飯燒菜的鍋子．差不多的。徹、是透進去的意思。珍、是貴重的東西。膏、是味道厚的東西。羅列、是排滿在面前的意思。疏食的食字．要在右邊上角加一圈．是菜蔬等素的東西。羹、就是湯。戕、是傷害的意思。

【解】我再把前邊所說從理上改的一句．說明白他。肯努力改過的人．沒有禁止做這件事的前。先要明白這件事做不得的道理。譬如一個人所犯的過失．在殺生上面的．那末先應該想道．上帝是喜歡生．不喜歡殺的。活的東西．都是愛性命怕死的。殺他的性命．來養我的身體．你自己問問你的心．上安不安呢。並且有些東西．雖然已經殺了．但是還沒有死透．像螃蟹一類的東西．竟然活剝剝的放進鍋子裏頭去燒．這樣的痛苦．一直要透到骨髓裏面去．罪過不罪過呢。自己養自己．就要用各種貴重的東西．味道厚的東西擺滿在眼面前。雖然這樣的講究．但是一經吃過．就什麽好的東西都空了．沒有了。要曉得一個人吃一些素的菜蔬．同了素菜燒的湯．也儘管可以吃飽肚子。何必一定要傷害活東西的性命．造下殺生的孽．減少自己的福呢。

又思血氣之屬．皆含靈知。既有靈知．皆我一體。縱不能躬修至德．使之尊我親我。豈可日戕物命．使之仇我憾我於無窮也。一思及此．將有對食傷心．不能下咽者矣。

【註】　是一類的意思。含、本來就是把東西含在口裏頭．這裏當做含在裏面的意思。靈、就是靈性。知、就是知覺。一體、是一樣的意思。縱字、是就算的意思。躬、本來是身體．這裏是當做自己的解釋。戕、就是殺。仇字、是冤仇的意思。憾字、同了恨字一樣的。無窮、是沒有完結的意思。

【解】還要想凡是各種有血有氣．有性命一類的東西．都是有靈性知覺的。既然都是有靈性知覺的．那末同了我都是一樣的了。就算不能夠自己修到道德極高的地步．使得這種活的東西都來尊重我親近我。像古時代有一位大聖人虞朝的帝舜．在他還在種田．還沒有做帝的時候．象替他種田．鳥替他拔草。那種奇怪的事情、就算不能夠做到。也怎麼可以天天傷害活的性命、使得他們同我結成冤仇、恨我到永遠沒有完結呢。能夠想到這樣、那就對了這種吃的東西、自然覺得傷心、不能夠咽下去了。○在極古的時代、像唐朝的堯、虞朝的舜、那個時候、還沒有皇帝兩個字的名目、所以堯只稱帝堯。舜只稱帝舜。到後來秦始皇、自己算自己功德了不得的大、就自己稱做始皇帝、以後就有了皇帝的名稱了。

如前日好怒。必思曰。人有不及。情所宜矜。悖理相干。於我何與。本無可怒者。

【註】不及、是一個人的短處、也有能力不夠的意思。矜、是哀憐他的意思。悖、是逆的意思、不順的意思。干、是犯的意思。與字、要在右邊上角加一圈、是關係的意思。

【解】譬如像前天那樣的喜歡發火。應該要想、各人有各人的長處、也就各人有各人的短處。碰到旁人有短處的地方、或是做事的能力不夠、照情理講起來、應該要哀憐他的苦惱、原諒他的短處。若是旁人不順了道理來傷犯我、那是完全錯在他、同了我有什麼關係。本來有什麼火可以發呀。

又思天下無自是之豪傑。亦無尤人之學問。行有不得。皆己之德未修。感未至也。吾悉以自反。則謗毀之來。皆磨煉玉成之地。我將歡然受賜。何怒之有。

【註】這裏的尤字、是怨恨同了見怪的意思。不得、是說所做的事．有不能夠滿自己意思的時候。自反、是反轉來自己想想。謗、是被人說壞。說人壞話．都可以叫謗的同毀字差不多的。磨、像磨刀磨針一樣．慢慢的磨成功。煉、是像放在火裏頭煉金煉鐵一樣．都是用功夫的意思。這個玉字．不是金玉的玉．是愛、是成就。玉成兩個字．連在一起．是愛你使得你成功的意思。

【解】還要想天底下斷斷沒有自己認自己、什麼都是不錯的豪傑。因為一個人、自己認自己是了不得的．這個人一定是沒有高的見識．好的志氣的．還會成豪傑麼。天底下也斷斷沒有怨恨旁人的學問。因為一個人、若是有了學問．就什麼事多肯謙虛．多肯退一步想．都肯自己責備自己．那裏會怨恨旁人呢。所以怨恨旁人的人都是沒有學問的。怨恨旁人的人．已經是沒有學問的人．那末怨恨旁人這種不應該的事情．還成什麼學問呢。自然不論什麼學問裏頭．沒有這種學問的了。並且一個人所做的事情．不能夠都稱他的心．滿他的意。那是完全因為自己的道德．沒有修好．功德沒有修滿．感動人的心．沒有到．感動人的情．沒有夠。應該都要自己反轉來．問問自己。倘然旁人沒有禮貌對我．就要反轉來自己想想．我有沒有對旁人沒有禮貌的地方麼。倘然旁人不肯忠心待我．就要反轉來自己問問自己．我有沒有對旁人不忠心的事情麼。肯這樣自己查察．自己責備．還恐怕來不及。怎麼敢專門怨恨旁人．加重自己的罪過呢。能夠這樣存心用功夫．那就旁人說我壞話．都反變成了磨煉我愛護我．使得我功夫更加進步．過失可以減少．做成一個好人。我應該喜喜歡歡受旁人賜我的好教訓．還有什麼怨恨呢。

又聞謗而不怒．雖讒燄薰天．如舉火焚空．終將自息。聞謗而怒．雖巧心力辯．如春蠶作繭．自取纏綿。怒不惟無益．且有害也。其餘種種過惡．皆當據理思之．此理既明．過將自止。

【註】讒字、是說壞話挑撥旁人的意思。燄、是火光．拿讒字來比做火光。舉字、是拿起來的意思。焚、就是燒。息字、是滅掉停止的意思。纏綿、是自己縛住自己的意思。據字、是依字照字的意思。

【解】又聽到了說我壞話．能夠不發火。那就旁人儘管說壞話．說得儘管厲害．那怕像火光那樣的薰到天上．也不過像拿了火去燒空中．到底空中沒有什麼東西可以燒．火還是燒燒會停的。譬如你聽了旁人說你壞話．你能夠不發火．那末這種說壞話的人．也自然會說說不說了。若是你聽到旁人說你壞話．你就發火．那末你就儘管用巧妙的心思．盡力的去辯．也辯不明白的。像春天的蠶．做了繭子．自己縛住自己一樣．到底還是自己吃苦．所以發火不獨是沒有益處．並且還有害處哩。這都是說發火的一種過失，但是過失多得很，還有種種過失，同了罪惡，都應該依照了道理細細的去想，想像上邊所說的各種話，是不是的。這種道理，能夠明白了，那就過失自然而然會停止不犯了。

何謂從心而改。過有千端，惟心所造，吾心不動，過安從生。學者於好色、好名、好貨、好怒，種種諸過，不必逐類尋求，但當一心爲善，正念現前，邪念自然污染不上。如太陽當空，魍魎潛消，此精一之眞傳也。過由心造，亦由心改。如斬毒樹，直斷其根。奚必枝枝而伐，葉葉而摘哉。

【註】千端、就是千樣、說很多的意思。逐類、是一樣一樣的意思。魍魎、是妖怪。不過妖怪的種類、也很多的。木有木的怪、石有石的怪、魍魎、就是木石的怪。也有說是水裏頭的怪。潛、是伏住不出現的意思。精、是不粗、是極深極細的意思。一、是獨一、是不夾雜的意思。這精一兩個字、是出在書經上的、有一句書叫唯精唯一。眞傳、是古時候唐代堯帝、傳給舜帝以來、一代一代的聖人、傳心的最高妙的方法。奚字、同何字差不多的、就是爲什麼的意思。伐字、或是斬、或是剪、都可以說的。摘字、就是採。○傳心、是聖人把心裏頭最精最確的法、傳給可以受這種心法的人。

【解】怎麼叫從心上邊改過呢。凡是一個人的過失、有千樣的多、都是從心上造出來的。吾的心不動。

就什麼事情都不會造出來了。那末過失還會從什麼地方生出來呢。求學問的人．或是喜歡女色．或是喜歡聲名．或是喜歡財物．或是喜歡發火。像這樣種種的過失．不必要一類一類裏頭去尋出來．只要一心一意發善心做善事。正的念頭出現在面前。那末邪的念頭自然會污穢不上．沾染不上了。譬如很亮很熱的太陽．照在當空。那末各種的妖怪．自然會伏著不敢出現了。不敢出現．就慢慢的無影無蹤的自然會消滅了。又像斬除毒的樹一樣．要斬就要爽爽快快．一直斬斷他的根．纔可以不再生長起來。爲什麼要一枝一枝的剪．一葉一葉的採呢。

大抵最上治心．當下清淨。纔動即覺．覺之卽無。苟未能然．須明理以遣之。又未能然．須隨事以禁之。以上事而兼行下功．未爲失策。執下而昧上．則拙矣。

【註】治字、要在右邊角上加一圈．同修字差不多的意思．就是這個心不好．把他修好。遣字、是打發他去的意思。上事、是說修心的方法．是最上等。下功、是下等的功夫．就是上邊所說的遣同了禁兩種方法。策、是計劃。失策、就是沒有算盤打算錯了的意思。執字、是拘執固執的意思。昧字、是不明白的意思。拙是笨．是不巧的意思。

【解】改過的方法．雖然像上邊所說．從事上改、從理上改、從心上改、三種方法。但是最上最高的方法．

還是修心。能夠修心．就可以使得心裏頭立刻淸淨。因爲犯過失．都是心上動了種種壞念頭的緣故。能夠修心．那末壞念頭一動．就自己覺著自己在動壞念頭了。自己能夠覺著．就立刻可以把心停住不動了。心不動．就沒有壞念頭了。沒有壞念頭．就不會有過失了．這是最上等的改過方法。若是不能夠像這個樣．那末一定要明白過失不可以犯的道理．把這種要犯過失的壞念頭．趕緊的去掉他．打發開他。若是再不能夠這樣．那末只好碰到犯過失的事情．用勉强壓住的方法．來禁止不犯。倘然用修心的上等功夫．再把上邊所說的、明白了不可以犯過失的道理．用遣去的下等功夫．同了碰到了犯過失的事情．用强壓方法禁止的下等功夫。兩種下等功夫．一同用起來．也不可以說打算錯了的。若是拘執住了只用下等功夫．反把上等功夫糊塗過去．不曉得用．那就蠢笨不巧了。

顧發願改過．明須良朋提醒。幽須鬼神證明。一心懺悔．晝夜不懈。經一七、二七．以至一月、二月、三月．必有效驗。

【註】顧字、可以當做但字解釋。懈、是懶惰有倦的意思。

【解】但是發出願心來要改過．也要有幫助的。明裏頭、要有好的朋友．到你糊塗的時候．常常來提醒你。暗裏頭、要有鬼神替你證明。像我把自己向來所犯的過失．做了一大篇疏文．告訴天地鬼神那種樣子。還要一心一意的自己認罪．自己懊悔．日間夜間．一些不懶。一刻不鬆。懺悔經過一個七天．二個七天．一直到一個月、二個月、三個月．儘管懺悔下去．一定有效驗的。

或覺心神恬曠。或覺智慧頓開。或處冗沓而觸念皆通。或遇怨仇而回瞋作喜。或夢吐黑物。或夢往聖先賢．提攜接引。或夢飛步太虛。或夢幢幡寶蓋。種種勝事．皆過消罪滅之象也。然不得執此自高。畫而不進。

【註】恬字、是舒服得很的意思。曠字、是心裏頭寬閒開放的意思。智慧、就是聰明。不過聰明可以用在好的事情上．也可以用在壞的事情上。智慧是只有好．沒有壞的。頓字、是立刻的意思。處字、是安排辦理的意思。冗字、是煩瑣細碎的意思。沓字、是繁重嚕嗦的意思。瞋、是恨．也是發火的意思。往、是過去。往聖、是已經過去的聖人。先賢、是已經過去的前輩賢人。攜字、是牽引的意思。太虛、是空中。幢同了幡、都是像旗一類的東西。蓋、就是傘。傘上裝飾了寶貝像珠翠金玉一類的東西．所以叫做寶蓋。勝字、是少有少見的意思。執字、本來是拿住的意思．這裏還有依靠的意思。畫字、要在右邊下角加一圈．是畫斷了不想前進的意思。

【解】上邊所說的效驗．是什麼呢．那就多得很哩。或是自己覺得精神上舒服得很．心裏頭寬閒得很．

或是覺得向來很蠢笨的．忽然智慧立刻開了。或是料理很細碎．很繁重的事情．忽然轉到一個念頭．就都走得通．做得到了。或是碰到怨家仇人．忽然全把恨心火氣．都回過來．變成歡歡喜喜了。或是在夢裏頭．覺得吐出黑的東西來了．這是種種邪的念頭．不淸白的心思．積成的一種悔氣．夢裏頭吐出了．那就肚裏邊淸淨了．悔氣也沒有了。或是夢裏頭見到古時候的聖人．同了已經過去的前輩賢人．來提拔我．牽引我。或是夢裏頭忽然會飛了．一直飛到空中去。或是夢裏頭看見各種佛菩薩出來用的各種旗呀．裝飾寶貝的傘呀．像這樣種種少有少見的事情．都是過失消除．罪孽滅去的好景象。不過不可以因爲碰到這樣的好景象．就算自己已經了不得．就把上進的路畫斷了．不再想進步．這是不可以的。

昔蘧伯玉當二十歲時．已覺前日之非而盡改之矣。至二十一歲．乃知前之所改．未盡也。及二十二歲．回視二十一歲．猶在夢中．歲復一歲．遞遞改之。行年五十．而猶知四十九年之非。古人改過之學如此。

【註】昔字、是從前的意思。蘧伯玉、是春秋時代衞國的一位官。他是一個好人．很肯改過的。遞遞、是逐步逐步改換的意思。猶在的猶字．是像的意思。猶知的猶字．是還能夠的意思。

【解】從前蘧伯玉在二十歲的時候．年紀並不大．已經覺得自己的過失．天天自己查察自己．沒有一天不查出前天的過失。查出來了．趕緊就改．所以他的過失．完全都改掉了。但是他到了二十一歲．又覺得從前所改的過失．還沒有完全改掉。到了二十二歲．回轉來看看二十一歲的時候．還像在夢裏頭糊糊塗塗的過去。像這樣一年一年的自己查察自己．一年一年的過去．一年一年的逐步改過。直到了五十歲那一年．還覺得從前的四十九年．都是有過失的。古時代人．講究改過的學問．竟然是這種樣子．你想應該學他．不應該學他呢。

吾輩身爲凡流．過惡蝟集。而回思往事．常若不見其有過者．心粗而眼翳也。

【註】凡流、是凡夫一流人．是庸庸碌碌的平常人。蝟、是一種活的東西．叫做刺蝟．渾身都有刺的。碰著了他的身體．他的毛就像刺一樣的直豎起來的．很硬的．可以刺傷人的。蝟集、是譬如蝟身上的刺．許多許多聚在一處的意思。

【解】吾們這種人．都是平常的凡人。過失罪惡．像蝟身上的刺．聚集了滿身都是的。回轉來想想．所做的事情．已經過去了的．常常像看不到有什麼過失。要曉得並不是沒有過失．實在是粗心．不曉得細細的自己查察查察。又像眼上遮了翳．看不到自己天天在那裏犯過呀。

然人之過惡深重者。亦有效驗。或心神昏塞。轉頭即忘。或無事而常煩惱。或見君子而赧然消沮。或聞正論而不樂。或施惠而人反怨。或夜夢顛倒。甚則妄言失志。皆作孽之相也。苟一類此。即須奮發。舍舊圖新。幸勿自誤。

【註】塞字、是塞住不開的意思。赧然、是面紅怕難爲情的意思。消沮的沮字。要在左邊上角加一圈。沮字本來是停止止住的意思。消沮兩個字併在一起。就是垂頭喪氣精神提不起的意思。樂字、要在右邊下角加一圈。失志、是失掉平常的樣子。圖字、是想法的意思。幸字可以當做希望的解釋。

【解】一個人犯過失。犯罪惡。深了、重了。也有證據現出來的。或是心思塞住了。不開展了。精神昏倦。不高興了。隨便什麼事。一轉頭就忘記了。或是一些沒有煩惱的事。覺得常常煩惱了。或是見到了君子人。自己覺得難爲情。垂頭喪氣。一些沒有精神了。或是聽到了道理正大的議論。倒反覺得不快樂了。或是有恩惠給旁人。旁人反怨恨你了。或是夜裏頭做顛顛倒倒的夢。睡不太平了。最厲害的。還要隨便說假話。失掉他平常的樣子。像這樣的種種。都是作孽的形相。倘然有一件像上邊所說的那種形相。就應該立刻提起精神來。把舊時候的種種行動。一齊改掉。想方法另外走一條新的大路。希望你萬萬不可以自己耽誤自己。

積善之方

上邊第二篇所講改過的種種方法．能夠把現世的過失改去．自然可以好命不變做壞命了。但只不過是不犯過失還不能夠把壞命變做好命。因為這一世雖然不犯過失．不犯罪孽．前世有沒有犯過失．有沒有犯罪孽．那裏知道呢。若是前世已經犯了的．那末這一世雖然不再犯．不過前世所犯的罪過．還是要受報應的。那末壞命還只好受苦報應．怎麼能夠就變好命呢。所以像第一篇所講的要改造命．不但是要改過．還要積善、積功德．纔可以把前世所造下的孽消去。所以這一世不但是要不犯過犯罪．還要能夠積善積功德．消滅前世造下的孽．那末壞命纔可以變好命。所以第二篇講了改過的方法．趕緊接上這第三篇講積善的方法。善字上邊．加一個積字。可見得不是偶然做一些些善事．就能夠把壞命變成好命的。一定善事要做得多．積成了許多的善．纔可以有效驗看見哩。

易曰、積善之家．必有餘慶。昔顏氏將以女妻叔梁紇．而歷敘其祖宗積德之長．逆知其子孫必有興者。孔子稱舜之大孝、曰、宗廟饗之．子孫保之．皆至論也。試以往事徵之。

【註】妻字、要在右角上邊加一圈．把自己的女兒許配人家．叫妻。叔梁紇、是孔夫子的父親。歷敍、是把一件一件的事情都講出來的意思。逆字、是預先的意思。廟字、本來就是相貌的意思．皇帝或是國王．祭祀祖宗的地方．叫廟。所以叫做廟的緣故．因爲在祭祖宗的時候．做子孫的．都要想念祖宗的相貌．所以叫做廟。又因爲祭的是祖宗．所以叫做宗廟。饗字、同了享字一樣的意思。至論的至字．是極確切實在的意思。徵字、是考驗證明的意思。

【解】易經上有兩句話說道．積善之家．必有餘慶。所以從前姓顏的人家．要把他的女兒．許配叔梁紇。把孔家上代祖宗所做的事情．一件一件都提出來．覺得孔家所積的德．是很多很長久的。所以預先知道孔家的子孫．必定有大興發的。果然後來生出孔夫子那樣的大聖人來了。又孔夫子稱讚舜的孝父母．不是平常的孝．是平常人做不到的大孝．所以孔夫子說．舜祭起他的祖宗來．祖宗必定享受的。因爲舜的孝心．可以感動他的祖宗來享受。若是忤逆不孝的壞子孫．祭起祖宗來．沒有一些誠心．怎麽會感動祖宗來享受呢。況且祖宗也決不要享受這種壞子孫的祭哩。像舜這樣的大孝．不但是祖宗要享受他的祭．並且世世子孫．一代一代的可以保住他的福德．不會敗落下去的。春秋時代的陳國．就是舜傳下來的子孫．你看興發得長久不長久呢。上邊那樣的兩種說法．都是極確切實在的議論。倘然還不十分相信．可以拿已經過去實在的事情來．考驗考驗．證明證明。

楊少師榮、建甯人．世以濟渡爲生。久雨溪漲．橫流衝毀民居．溺死者順流而下。他舟皆撈取貨物。獨少師曾祖及祖．惟救人．而貨物一無所取．鄉人嗤其愚。逮少師父生．家漸裕。有神人化爲道者．語之曰、汝祖父有陰功．子孫當貴顯．宜葬某地。遂依其所指而窆之．卽今之白兎墳也．後生少師．弱冠登第．位至三公．加曾祖祖父如其官。子孫貴盛．至今尙多賢者。

【註】明朝清朝時候．教皇帝讀書的先生．有太師、太傅、太保、少師、少傅、少保、六種．都是很大的官。建寧、是福建省的建寧府。濟渡爲生．是搖擺渡船過生活的意思。溪、是山裏頭的泉水．流到大河裏去所經過的地方。橫流、是因爲水流得急．水的勢厲害．就橫衝直撞的流了．所以叫橫流。毀字、是壞了坍了的意思。溺死、是淹死在水裏頭的意思。嗤字、是偸偸的笑人。逮字、是等到的意思。裕字、是寬的意思．有多的意思。陰功、同陰德一樣的。窆字、是把棺木葬下的意思。古時代一個人到了二十歲．叫弱冠。三公就是太師、太傅、太保、少師、少傅、少保等六種官。只說三公．不說六公．是把少師少傅少保包括在太師、太傅、太保裏頭了。六種做到一種．就可以說做到三公的。盛字、是興旺的意思。

【解】有一位做過少師的人．姓楊、名榮、因爲大家尊重他．所以就稱他楊少師。他的上輩．世世代代做搖擺渡船生意的。有一次．雨下得太長久了．山上溪裏頭的水．積得太多了．漲起來了。水勢橫衝直撞把百姓住的房屋．都冲坍了。百姓淹死在水裏邊的．順了水勢．一直流下來。旁的船．都撈取水裏頭飄來的各種貨色．同了物件。獨有少師的曾祖．同了少師的祖．專門救水裏頭飄來的人。所有水裏頭的東西．一件都不撈。鄉下的人．都偸偸的笑他們是愚笨的人．不去撈些東西。後來等到少師的父親．生出來了．他們家裏頭的光景．也漸漸的寬了。有一位神人．化了一個道士．那樣的向少師的父親說道。你的祖父．同了你的父親．都積有許多陰功。所生的子孫．應該要發達做大官的。你的父親．可以葬在某處地方。少師的父親．就依了這位道士所指定的地方．把他的祖父．同了他的父親．葬下去了。這一座墳．就是現在很有名的．大家稱他做白兎墳的。後來少師生了．到二十歲的時候．就發科發甲了。一直做官．直做到三公裏頭的少師。皇帝還封他的曾祖、祖父、父親．像少師一樣大的官。少師的子孫．傳下來做大官的．多得很．興旺得很。一直到現在．還有許多很好的子孫哩。

鄞人楊自懲．初爲縣吏．存心仁厚．守法公平。時縣宰嚴肅．偶撻一囚．血流滿前．而怒猶未息．楊跪而寛解之。宰曰、怎奈此人越法悖理．不由人不怒．自懲叩首曰、上失其道．民散久矣。如得其情．哀矜勿喜。喜且不可．而況怒乎。宰爲之霽顏。

【註】鄞、是一個縣名．是浙江省寧波府所管的。吏、是衙門裏頭的書辦。縣吏、是在縣裏頭幫助知縣辦事的書辦。縣宰、就是知縣。撻、就是打。囚、是囚犯．就是犯了罪的人。息字、是停止的意思。越法、是違犯法律的意思。悖理、是逆理．不順道理的意思。失其道、是不依照道理做事的意思。哀、是傷心的意思。矜、是可憐的意思。霽字、本來是雨停住不落的意思．這裏的霽顏．是停止發火的面色。○書辦、是衙門裏頭辦公事人的一種名目。

【解】鄞縣人楊自懲．起初做縣裏頭幫縣官辦事的書辦。這個人的地位雖然小．但是他的心．是常常存一種愛人厚道的心。守定王法．官法公平得很．一些不肯亂來的。那個時候的縣官很厲害方正的。偶然打一個囚犯．直打出了許多血來．流滿在縣官的面前。這個縣官的火．還是不肯停歇。楊自懲看見了．心裏頭難過．就跪在這個縣官面前．替那個囚犯解釋．求縣官放寬些。縣官說、你替他說情．本來沒有什麽不可以放寬．不過這個囚犯．不守法律．違背道理．不能夠叫人不發火。楊自懲就一邊叩頭．一邊說道。在上面做官的人．不依照了道理做事。在下面做百姓的．就沒有好榜樣可以跟了做。所以百姓的心．已經離散了長久了。審問案件．若是審出了實在的情節．尚且要替他們傷心．替他們可憐。不可以因爲審出了案情．就喜歡。若是存了喜歡的心．恐怕要把案件忽略了．就容易錯了。若是發火又恐怕隨便打人．犯人受不住打．就勉強招認了．不就容易冤枉人麽．所以喜歡也是不可以的。照這樣講起來是喜歡尚且不可以怎麽可以發火呢。那縣官聽了他的話心裏頭感動了把面上發火的樣子停止住了○這上失其道民散久矣如得其情則哀矜而勿喜四句書是出在論語第十九篇子張上的是孔夫子的大弟子曾夫子說的一部論語總共是二十篇每一篇都有一個名目的這第十九篇就叫子張。

家甚貧餽遺一無所取。遇囚人乏糧常多方以濟之。一日、有新囚數人待哺。家又缺米。給囚則家人無食自顧則囚人堪憫與其婦商之。婦曰、囚從何來。曰、自杭而來。沿路忍饑菜色可掬。因撤己之米煑粥以食囚。後生二子長曰守陳。次曰守址。爲南北吏部侍郎。長孫爲刑部侍郎次孫爲四川廉憲。又俱爲名臣。今楚亭德政亦其裔也。

【註】餽字、是送的意思。遺字、要在右角上邊加一圈是給的意思。兩個字差不多的不過餽字是送的意思說起來客氣些。遺字是給的意思說起來不客氣些。乏是缺少沒有的意思。濟字、是救濟苦人的意思。哺字、是拿吃的東西給人吃。待哺、是餓了候旁人給東西他吃像小孩子等候喂奶那樣。菜色、是說受餓的人只吃野菜臉上一些沒有血色那種樣子。掬字、本來是兩手捧起來的意思這裏說菜色

可掬．是形容面色黃得太厲害了．這種黃的顏色．直可以用兩只手來捧的了。撤子、是除去的意思。煮、就是燒。食字、要在右角上邊加一圈．是拿東西給旁人吃的意思。從前京裏頭的官．有六部的時代．每一部裏頭最高的官．叫尚書．第二等大的．就叫侍郎。侍郎、還有左侍郎、右侍郎、兩種哩。吏部侍郎．所以稱南北的緣故．是因爲明朝時代．第一朝皇帝太祖．是在南京的．所以南京算是京城。後來到了大家稱做永樂皇帝的成祖．又搬到北京去了．又把北京也算是京城了。但是原來南京的京城．並不取銷．所以變成南北兩個京城了。兩個京城．都有六部的。有南京的六部．就有南京的吏部侍郎．有北京的六部．就有北京的吏部侍郎．所以稱做南北吏部侍郎。守陳守址兩人．一個做南京吏部侍郎．一個做北京吏部侍郎。還有外省專門管刑法的官．叫提刑按察司．可以稱做廉訪．也可以稱做廉憲．也有稱做臬臺的。名臣、就是有名的臣子．這是很有大學問．大功勞．好名聲的大官．纔可以稱做名臣。今字、是現在的意思。楚亭上邊加一個今字．猜想起來．或者是了凡先生的時候．楚亭正在做官．所以說現在的楚亭。德政、或者是另外一個人．也是在那個時候做官的。裔字、是後代的意思。

【解】講到楊自懲的家裏頭．是很窮的。但是他雖然窮．旁人送他東西．他一些不肯受的。碰到囚人缺少了米糧．他常常用許多方法．去弄米來．救濟那些沒有飯吃的囚人。有一天．來了幾個新的囚人．一路上沒有東西吃．餓極了．急得很的希望旁人給他們吃。楊自懲的家裏頭．剛巧米糧也存的不多。若是拿來給了囚人．那末他家裏的人就沒有得吃了。顧了自己吃．那末這幾個囚人．又餓得很可憐的。他沒有辦法．就同他的妻商量。他的妻問他．囚人是從什麼地方來的。楊自徽道、是從杭州來的．沿途都沒有得吃．熬了餓到這裏來．面上一些沒有血色．像一種又青又黃的菜色．差不多可以用手捧起來的。因爲這幾個新來的囚人．實在可憐．所以楊自徽就把自己所存的一些米．都拿去燒了粥．給幾個新來的囚人吃。後來楊自徽生了兩個兒子．大的叫守陳．小的叫守址．一直做到南北吏部侍郎。大的孫子．做到刑部侍郎。小的孫子．也做到四川省的按察司。兩子兩孫．並且都做了名臣．現在那名字叫楚亭的．同了叫德政的．都是楊自徽的後代。

昔正統間．鄧茂七倡亂於福建．士民從賊者甚衆。朝廷起鄞縣張都憲楷、南征．以計擒賊。後委布政司謝都事．搜殺東路賊黨。謝求賊中黨附册籍．凡不附賊者．密授以白布小旗。約兵至日．插旗門首．戒軍兵無妄殺．全活萬人。後謝之子遷、中狀元．爲宰輔。孫丕、復中探花。

【註】正統、是明朝英宗皇帝的年號．像清朝時候稱光緒宣統一樣的。鄧茂七、是一個謀反的土匪。倡亂、是領了頭謀反的意思。這裏的一個賊字．並不是偷東西的小賊．賊可以大．可以小的．凡是謀反叛

逆的人也稱做賊的．實在就是土匪。朝廷、是皇帝辦事的地方．就像現在所說的政府。起、是用的意思。一個人先做過官的中間不做了．後來又要他出來做官．叫起。都憲、就是都御史．是都察院裏頭最高的官．是各種御史的領袖。這都御史的官職．是很高的．權柄也很大的。都察院、就是專門查察京裏頭．同了外省各種大大小小的官．做得好不好的。所有各種的御史．都歸在都察院的。南征、是那個時候的皇帝．是在北京的．福建是在南方。從北方派官到南邊來勦殺土匪．所以叫南征。征字、是攻打勦滅的意思。委字、就是派的意思。布政司在清朝時候．也可以叫做藩臺。是管一省裏頭的錢糧的．查察一省裏頭的大小官員．好的就用他們．壞的就去掉他們．還有百姓們的一切大小事情．都歸布政司管的。不過犯法的事．是歸按察司管的。都事、是布政司手下的一種官。籍、就是簿子．同冊子差不多的。戒、是禁止的意思。妄殺、就是亂殺。宰輔、就是宰相．一個國裏頭．除了皇帝．就算宰相是最大了。

【解】從前明朝正統皇帝的時候．有一個土匪．叫鄧茂七。在福建地方．領了頭謀反。福建的讀書人．同了小百姓．跟了他一同謀反的很多。皇帝就起用做過都御史的一位鄞縣人．姓張、名楷的．去搜勦他們。這位張都憲．用了計策．把鄧茂七捉住了。後來福建省東邊．還有鄧茂七的許多黨羽。張都憲又派了福建布政司部下一位姓謝的都事．去搜查捉拿剩下的賊匪．捉到就殺。謝都事不肯亂殺．向各處尋覓依附賊黨的名冊。查出凡是不依附賊黨名冊裏頭．沒有他們姓名的人．就都給他們白布小旗一面，約定他們，搜查賊黨的兵，到的那一天，把這一面白布小旗，插在各人自己家裏門口。並且禁止官兵，凡人家門口有白布小旗的，一概不准亂殺。謝都事有了這樣一個命令下去，凡是不依附賊匪的人家，都有了一面白布小旗，就可以不殺了。有了這一面旗的人家，就完全得到活命了，約起來總有一萬人的多。後來謝都事的兒子，名叫遷的，就中了狀元，官做到宰相。謝都事的孫子，名叫丕的，又中了探花。

莆田林氏，先世有老母好善，常作粉團施人，求取卽與之，無倦色。一仙化爲道人，每旦索食六七團，母日日與之，終三年如一日，乃知其誠也。因謂之曰，吾食汝三年粉團，何以報汝，府後有一地，葬之，子孫官爵，有一升麻子之數。其子依所點葬之，初世卽有九人登第，累代簪纓甚盛，福建有無林不開榜之謠。

【註】莆田、是一個縣名，歸福建省興化府管的。無倦色的倦字，並不是要睡的倦，是討厭的意思。旦、是早晨。索、就是討。爵、是爵位。做大官的，有了大功勞，皇帝就賞他爵位，像公爵、侯爵、伯爵、子爵、男爵、有五等爵。清朝以前，都有這種爵的。官爵、就是說做官封爵的意思。麻子、是麻的子，一粒一粒極小的。累代、是好幾代，不是一代。簪、是帶大帽用的，插在頭髮裏邊的一枝簪，用來插牢大帽的。纓、是大帽上的帶，

用來縛住大帽的。不過這種纓．有各式各樣分別的．看這個人身分的大小．就用那一種的纓。簪纓兩個字併在一起．是說有身分的人．做大官的人。

【解】在福建省的莆田縣裏頭．有一家姓林的．他們的上輩．有一位老太太．很喜歡做善事的。常常把米粉．做了粉糰．給窮人吃。只要有人向他要．他立刻就給人吃的．一些沒有討厭人的顏色在面上露出來的。有一位仙人．變化了一個道士．每天早晨．向這位老太太討六七個粉糰。老太太天天給他．一直給滿了三年．從來沒有少給過．也沒有討厭過．三年像一天一樣．仙人方纔曉得這位老太太做善事的誠心．實在了不得。所以就向老太太說道．吾吃了你三年的粉糰．吾怎樣的報答你呢。你的府上後面．有空地一塊．若是葬在這地上．將來子孫有官爵的．可以有一升麻子那樣的多。你想麻子是很細的．一升麻子．不曉得有多少粒數哩．還了得麼。後來老太太死了．他的兒子．就依了仙人所指的地方．把老太太葬了下去。林家的子孫．第一代發科甲的．就有九人。後來世世代代．發達做大官的人．多得很．興旺得很。福建省裏．竟有沒有姓林的人去考．不能夠發榜的謠言。考試是有一定時候的．考中的人．也有一定數目的。既經考試了．那有不發榜的道理．那有一定要把姓林的加進去的道理．那裏有姓林的不去考．就不發榜的道理．這一句謠言的意思．就是說林家考試的人多．並且都能夠考中的。所以發到榜．就不會沒有姓林的人在裏頭的。這樣看來．林家考中功名的人．多得還了得麼。

馮琢菴太史之父為邑庠生。隆冬早起赴學。路遇一人。倒臥雪中。捫之。半殭矣。遂解己綿裘衣之。且扶歸救甦。夢神告之曰。汝救人一命。出至誠心。吾遣韓琦為汝子。及生琢菴。遂名琦。

【註】太史、就是翰林。因為我們國裏頭有一個機關。叫國史館。所有國裏頭重大的事情。都是國史館裏頭的人。把他記起來。做成一部書。叫歷史。每一朝皇帝。有一部歷史。像明朝就叫明史。清朝就叫清史。這種做歷史的人。大半都是翰林。所以翰林又稱做太史。邑、就是縣。古時代一縣裏頭的學校。叫庠。俗名叫縣學。所以從前的讀書人。第一次考取了秀才。就是進了縣裏頭的學校。就叫庠生。大家說慣的叫進學。就是這個意思。隆字、有大有多有厲害等種種意思。隆冬。是最冷的冬天。赴字、是到那邊去的意思。捫字、是用手摸的意思。裘、是皮袍子。綿裘、是拿綿綢做面的皮袍子。衣字、要在右角上邊加一圈。是拿衣服替旁人穿的意思。甦字、是醒回轉來的意思。韓琦、是宋朝一位極有本領。文武全材的將官。在英宗神宗皇帝時候。做過十年宰相。才幹極好。見識極高。國裏頭的人。沒有一個不愛他。國外頭的人。沒有一個不怕他的。是一位很有名。很了不得的大人物。後來神宗皇帝賜他的諡法。是忠獻兩個字。所以後世的人。都稱他韓忠獻公。

【註】馮琢菴太史的父親．是一位秀才。有一年的冬天．剛巧是極冷的一天。這位老先生早晨起來．到縣學裏頭去。在路上碰到一個苦人．跌倒在地下．睏在雪裏頭。馮老先生用手去摸摸他．已經一半凍殭了．差不多要凍死了。馮老先生哀憐這個苦人．就把自己穿的皮袍．解下來替他穿上了。並且還扶他到自己家裏頭去．救他醒回轉來。那馮老先生救了這個苦人的命．就做一個夢．夢裏頭看見一位神人告訴他道。你救人一條命．是發極誠的心來救的．很不容易的．所以吾打發韓琦投生到你家裏．做你的兒子。等到後來琢菴太史生了．所以就題他的名字叫琦．因爲他是韓琦投來的緣故。

台州應尚書．壯年習業於山中。夜鬼嘯集．往往驚人．公不懼也。一夕聞鬼云．某婦以夫久客不歸．翁姑逼其嫁人．明夜當縊死於此．吾得代矣。公潛賣田．得銀四兩．卽僞作其夫之書．寄銀還家。其父母見書．以手跡不類．疑之。既而曰、書可假．銀不可假．想兒無恙。婦遂不嫁。其子後歸．夫婦相保如初。

【註】台州、是浙江省的一府。壯年、是中年時代。習業、就是學習事情．讀書人讀書用功．也叫習業。嘯、就是鬼叫。集、是聚在一處。夕、是夜裏頭。縊、是上吊。潛字、是暗暗裏做．不給旁人知道的意思。僞、是假。書、就是信。手跡、就是筆跡。不類、是不一樣．就是不像。

【解】台州有一位姓應做過尚書的。他在中年時候。在山裏頭讀書。夜裏頭鬼多得很。聚在一起做鬼叫。常常嚇人的。獨應公不怕鬼叫。有一夜。應公聽到鬼說道。某人家有一個婦人。因爲他的丈夫出門到遠處地方去做客。好久沒有回來。他的翁姑想他們的兒子是死了。所以逼住這個婦人要他嫁人。這個婦人是好的。不肯另外嫁人。所以明天夜裏。要在這裏上吊。吾可以討替代了。俗話說起來。凡是吊死的鬼。一定要又有一個人吊死替他做了吊死鬼。他纔可以去投生。所以叫替代。應公聽到了鬼的話。心裏頭很難過。動了救人的心。就不聲不響。暗暗的把自己的田賣了四兩銀子。還寫了一封假信。算是婦人的丈夫寄銀子到家裏來的信。這個出門人的父母看見了信。因爲筆跡不像他兒子寫的。所以疑惑這封信是假的。後來又回轉來說道。信可以假的。銀子不可以假的。那個肯把銀子寄來呢。想一定是兒子很安好。所以會把銀子寄回來。他們這樣一想。就不逼這個婦人另外嫁人了。這個婦人。就安安逸逸不嫁了。後來他的丈夫回來了。他們夫婦兩人。就得保全了。不拆散了。像從前一樣的好好過日子了。

公又聞鬼語曰。我當得代。奈此秀才壞吾事。旁一鬼曰。爾何不禍之。曰、上帝以此人心好。命作陰德尚書矣。吾何得而禍之。應公因此益自努勵。善日加修。德

日加厚。遇歲饑、輒捐穀以賑之。遇親戚有急、輒委曲維持。遇有橫逆、輒反躬自責、怡然順受。子孫登科第者、今累累也。

【註】秀才、是稱應公、想來應公在那個時候、是一個秀才。這裏的一個禍字、是害他的意思。上帝、就是上天、也就是世俗所說的玉皇大帝。陰德尚書、是因爲他做了沒有人曉得的大功德、所以上帝給他做尚書。這尚書的官、是因爲做了大陰德、纔得到的、所以鬼就稱他做陰德尚書。益字、是更加的意思。努字、是用力。勵字、有勸勉的意思、有起勁去做的意思。委曲、是不能夠放開手去做、是要用種種遷就的方法去做。維持、是幫助他、不放他失敗的意思。橫逆、是不講道理、沒有禮貌、野蠻的舉動。怡然、是心平氣和的意思。順受、是受了這種橫逆、一些沒有什麼不高興的意思。累累、是很多的意思。

【解】應公又聽到鬼說道、我本來可以討到替代了。被這個秀才壞了吾的事、救了那個婦人不上吊、吾就討不到替代了。旁邊一個鬼說道、你爲什麼不去害害他呢。鬼說道、上帝因爲這個人心好、有陰德、已經派他做陰德尚書了。吾怎麼還可以去害他呢。應公因爲聽到了兩個鬼所講的話、曉得做善事的好、更加努力、更加起勁。善事一天一天加上去、修功德一天一天加得很厚。碰到了荒年的時候、他每一次都捐出自己的穀來救濟苦人。碰到親戚裏頭有急難的、他一定想種種方法來幫助人家、使得人家過得去。碰到蠻不講理的人．他就回轉來自己責備自己．想自己一定也有了錯．所以旁人要這樣對待我。他就心平氣和．甘心願意的受了．一些不同旁人計較。應公能夠這樣的做好人．所以他的子孫發科發甲的．一直到現在還是多得很哩。

常熟徐鳳竹栻．其父素富。偶遇年荒．先捐租以爲同邑之倡。又分穀以賑貧乏。夜聞鬼唱於門曰．千不誆．萬不誆．徐家秀才．做到了舉人郎。相續而呼．連夜不斷。是歲、鳳竹果舉於鄉。其父因而益積德．孳孳不怠。修橋鋪路．齋僧接衆．凡有利益．無不盡心。後又聞鬼唱於門曰．千不誆．萬不誆．徐家舉人．直做到都堂。鳳竹官終兩浙巡撫

【註】常熟、是縣名．歸江蘇省蘇州府管的。常熟有一位讀書人．姓徐、號叫鳳竹．名叫栻。租、是有田的人家．把田給鄉下人種了。到了收著了穀．或是麥．這種田的鄉下人．應該要拿穀．或是麥．或是現錢．去給這個田主人．算是種了他田的租錢。這個捐字．不是捐助的意思．是完全拋棄的意思。把所有全部份的租．完全不收。誆、是欺騙的話。續字、是接連的意意。孳孳、是認眞高興的意思。怠、是懶惰的意思。接、是

接濟。眾、是平常的許多人。都堂、是都察院最高級的官．叫左都御史。兩浙、是浙江全省。浙江一省。有十一府。杭州府、嘉興府、湖州府、三府．是在錢塘江西的．叫浙西。寧波府、紹興府、台州府、溫州府、處州府、金華府、衢州府、嚴州府、八府．是在錢塘江東的．叫浙東。因爲有浙東浙西的名目所以稱做兩浙。巡撫、是外省最高的官．前邊已經講到過的。

【解】常熟有一位徐鳳竹先生．他的父親．向來是很有錢的．偶然碰到荒年．他先把他應該收的田租．完全捐掉了．一些不收．做一個全縣有田人的榜樣．使得有田的人家．學了他的樣．大家不收田租。他還不算數．又分他自己原來有的穀去振濟窮人。到了夜裏頭．聽到鬼在他的門口唱道．千也不說欺騙人的話．萬也不說欺騙人的話．徐家的秀才．快要做到了舉人了。一夜一夜接連了喊．夜夜不斷的。這一年、這位鳳竹先生去鄉試．果然中了舉人。他的父親．因爲做了善事．眞有這樣的好報應．更加要多積功德．所以仍勤勤懇懇．一些不厭倦的做善事。橋不堅固了．修橋。路不平了．鋪路。苦的和尚沒有齋糧吃．他就燒了飯．燒了菜．請和尚吃。並且碰到了缺少柴米衣服的人．他總是接濟他們的。凡是可以給旁人得到好處的事情．沒有不盡他的心去做的。後來他又聽到鬼在他的門前唱道．千不說欺騙人的話．萬不說欺騙人的話．徐家的舉人．做官一直做到都堂那麽大。到底這位鳳竹先生．做官一直做到兩浙的巡撫。

嘉興屠康僖公。初爲刑部主事，宿獄中，細詢諸囚情狀，得無辜者若干人。公不自以爲功，密疏其事，以白堂官。後朝審，堂官摘其語，以訊諸囚，無不服者，釋冤抑十餘人。一時輦下咸頌尚書之明。公復稟曰，輦轂之下，尚多冤民，四海之廣，兆民之衆，豈無枉者。宜五年差一減刑官，覈實而平反之。尚書爲奏，允其議。時公亦差減刑之列，夢一神告之曰，汝命無子，今減刑之議，深合天心。上帝賜汝三子，皆衣紫腰金。是夕夫人有娠，後生應塤、應坤、應埈，皆顯官。

【註】嘉興、是浙江省的一府。嘉興府有一位姓屠名康僖的，因爲大家敬重他，所以稱他屠康僖公。主事、是部裏頭的一個中等的官。宿、是住的意思。辜、就是罪。疏、是把這一件事情做了一件公文的意思。堂官、是一部裏頭的尚書，同了左右兩侍郎。比了這兩種官小的，就不能夠稱堂官了。朝審的朝字、要在左角下邊加一圈。朝審、就是秋審。從前每年過了霜降節，所有各處解到刑部去的重大案件，同了犯人，都要歸刑部堂官會同了別的長官再細細的審問過的。這種犯人分做三種。第一種、是案情實在沒有冤枉的。第二種、是可以立刻就辦，也可以慢一些再辦的。第三種、是可以原諒的。各位大官商量定了這三種辦法，請皇帝批定。這第一種、就要碰各人的運氣了。因爲隨便皇帝的意思，在一本罪

人的名冊上勾的。勾到的名字就立刻要殺的殺．絞的絞了。不勾的．可以慢一些再殺．或是絞．這種就有不死的希望了。因爲碰到皇恩大赦的機會．就可以不殺不絞了。摘、是並不完全大略揀幾句的意思。訊、就是審問。釋、就是放出。抑、是硬壓。輦、是皇帝坐的車。皇帝坐車．總是在京城裏的時候多．難得到京外邊去的．所以說輦下．就是說京裏頭的意思。咸字、是大家的意思。頌字、是稱讚的意思。小官對長官說話．或是上一件公文．都叫稟。轂字、本來是車輪盤中間裝軸梗的一個洞。輦轂兩個字．併在一起．實在還是說輦。四海、是說全國的意思。兆、本來有兩種解釋．一種是百萬叫兆．一種是萬萬叫億．億億叫兆。兆民、是說百姓的多。覈字、是查考的意思。平反兩個字．輕重恰巧．不太重．也不太輕．叫平。完全推翻原來的罪名．叫反。衣紫、是穿紫顏色的袍。腰金、是腰裏邊束鑲金的帶。這都是從前做大官的服飾。娠、是得胎。○絞、是一種刑罰．是用繩絞在犯死罪人的頭頸裏．把繩絞緊起來．人就透不過氣來了．就會死了。這種刑罰．還算比殺輕一等哩。

【解】嘉興有一位姓屠名叫康僖的．起初在刑部裏頭做主事的官．夜裏頭住在監獄裏邊。他想這許多囚人．是爲了什麽事情．怎麽直會到刑部的監獄裏頭來．他細細的盤問這些囚人．果眞裏頭就有多少人．是沒有罪的．是冤枉的。照例凡是查出了冤枉的囚人．是很有功的．但是這位屠公．並不自己覺得有功．他秘密的把這件事．上公文告訴刑部的堂官。後來到了秋審的時候．刑部的堂官．把屠公所上的公文裏邊．所說各個囚人所供的話．揀幾句拿來審問許多囚人。那些囚人．就把對屠公所供的話．老實向堂官供認沒有一個不服的。堂官就把原來冤枉的因爲受刑受不住．壓逼了招認的．放掉了十多個人。那個時候．在京裏頭的百姓們．大家都稱讚刑部尚書審案的明白。屠公又向堂官上一稟說道．在皇帝所住的地方．被冤枉的人．尚且有這樣的多．那末全國這樣大的地方．千千萬萬的百姓．那裏會沒有冤枉的人呢。應該每五年差一個官．叫減刑官．到各省去細細考查實在的案情。的確有罪的．定罪也要定得輕重公平的當。實在沒有罪的．應該把原來所定冤枉的刑罰．完全推翻。重新定一種公平的辦法．或是減輕．或是放掉。尚書依了屠公的稟．上奏了皇帝．皇帝准他所議的辦法．就派了減刑官．到各省去查察。剛巧屠公也派在裏頭．他做到一夢．有一位神人告訴他道．你的命裏頭本來沒有兒子的。現在你上了減輕刑罰的辦法．很合上天愛人的心。所以上帝賜你三個兒子．將來都可以做到很大的官．穿紫色的袍．束金鑲的帶。那個時候．屠公的夫人恰巧得了胎。後來生應塤、應坤、應埈．都做很大的官。

嘉興。包憑、字信之．其父爲池陽太守．生七子。憑最少．贅平湖袁氏．與吾父往來甚厚．博學高才．累舉不第．留心二氏之學。一日東游泖湖．偶至一村寺中．見觀

音像。淋漓露立。即解橐中得十金。授主僧。令修屋宇。僧告以功大銀少。不能竣事。復取松布四疋。檢篋中衣七件與之。內紵褶。係新置。其僕請已之。憑曰。但得聖像無恙。吾雖裸裎何傷。僧垂淚曰。舍銀及衣布。猶非難事。只此一點心。如何易得。後功完。拉老父同遊。宿寺中。公夢伽藍來謝曰。汝子當享世祿矣。後子汴。孫檉芳。皆登第。作顯官。

【註】池陽、就是安徽省的池州府。太守、就是知府．是一府裏頭最高的官。少字、要在右邊上角加一圈。最少、是年紀最小的意思。贅是招女壻。平湖、是縣名．歸浙江省嘉興府管的。二氏、是佛同了老子。二氏之學、就是佛教的學問道教的學問。泖河、在江蘇省松江府．有上泖中泖下泖三泖。水從西面太湖流來．向東流過吳淞江到海裏去。松江在嘉興的東．所以從嘉興到松江去遊泖河叫東遊。一頭開口一頭有托底的袋．叫囊。兩頭都開口沒有托底的袋．叫橐。十金、就是十兩銀子。授字、是給的意思。主僧、是許多和尚裏頭做主腦的一位。竣、是完結。篋、是竹箱。紵、是用麻來織成的東西。褶、是夾衣服。置、是做的意思。僕、是用人。已之、是停止了．不再給和尚了。這裏的無恙兩個字．是沒有什麽不平安的意思。裸裎、是赤身露體。這裏的舍字．是施送的意思。伽藍、是佛寺裏頭的護法神。祿、是做官所得的俸祿．同了平

常人得的薪工一樣的。世祿、是世世代代享到俸祿．就是世世代代做官的意思。

【解】有一位嘉興人姓包．名叫憑．號叫信之。他的父親．做過安徽池州府知府的。生兒子七人．這一位信之先生是最小的。他被平湖縣姓袁的人家．招做女壻的。他同了我的父親．常常來往的．交情也很厚的。他的學問．是又多又通。他的才幹．是很高的。不過他運氣不好．好幾回去鄉試考舉人．終是不中。他很留心佛教同了道教的兩種學問。有一天、他向東到松江去游玩泖湖．偶然到一處鄉村上的一座佛寺裏頭去。因為寺院的房屋破壞了．看見觀世音菩薩的像．立在露天．並且身上被雨淋得很溼。他看見了．就解開他的袋來．有十兩銀子．就給這領頭的和尚．叫他修理寺院的房屋。和尚告訴他．修理的工程大．銀子少．不夠用．不能夠修完工的。他聽了和尚的話．又拿松江出產的布四疋．再揀竹箱裏頭的衣服七件．給那個和尚。這七件衣服裏頭．有用麻織成的料做的夾衣服．是新做的．他的用人．請他罷了．不要再給和尚了。信之先生說道．只要觀世音菩薩的聖像．能夠安好．不被雨淋溼．吾那怕赤身露體．有什麼傷害呢。和尚聽了這句話．感激到流下淚來．說道．施送銀子．同了衣服布疋．還不是難的事情．只這一點誠心．怎麼容易得到呀。後來修理房屋的工程做完了．他拉了他老的父親．一同遊這一座佛寺．就住在寺裏頭．這位包公做一個夢．夢到寺裏頭的護法神來謝他道．你做了這些功德．你的兒子可以世世代代傳下去做官．享受做官應該得的俸祿了。後來他的兒子．名叫汴．孫子名叫樫芳都發科，發甲，做很大的官。

嘉善支立之父，爲刑房吏，有囚無辜陷重辟，意哀之，欲求其生。囚語其妻曰，支公嘉意，愧無以報，明日延之下鄉，汝以身事之，彼或肯用意，則我可生也。其妻泣而聽命，及至，妻自出勸酒，具告以大意。支不聽，卒爲盡力平反之。囚出獄，夫妻登門叩謝曰，公如此厚德，晚世所稀，今無子，吾有弱女，送爲箕帚妾，此則禮之可通者。支爲備禮而納之，生立，弱冠中魁，官至翰林孔目，立生高，高生祿，皆貢爲學博，祿生大綸登第。

【註】知縣衙門裏頭辦公事的人，有吏、戶、禮、兵、工、刑、六房，刑房吏，是在刑房裏邊當書辦。陷字、是被人害的意思。重辟的辟字，要在右角下邊加一圈，是最重的刑罰，就是死罪。嘉意、就是好意。以身事之、就是嫁他的意思。卒字、是到底的意思。晚世、是世界已經開闢得長久，人心風俗，都不像新開闢的世界那樣的樸實厚道了。箕帚、是古時代以女兒嫁人客氣的話，意思就是叫女兒拿了畚箕掃帚到你們家裏來，替你們掃地。考中舉人的方法，從第一名起，把各個房官所薦的第一名取中。譬如有八個房官，就取中八個房官所薦的第一名，一共是八名。這八名取中的舉人，都排在頭上，就是第一名到

第八名的舉人。這第一名叫解元。第二名到第八名．叫經魁。若是有十八個房官的．就取中十八個房官所薦的第一名．一共是十八名。這十八名取中的舉人．都排在頭上．就是第一名到第十八名的舉人。除了第一名解元外．從第二名到第十八名．都叫經魁。會試也是這樣的。不過會試取中的第一名進士．叫會元。鄉試所叫的經魁．會試就叫會魁。許多翰林在一起用功辦事的地方．叫翰林院。孔目、是在翰林院裏頭管公文案卷的小官。學博、是州學同了縣學的教官。貢字、是貢到國子監去．意思就是保薦到國子監去．保薦了．可以做教官了。

【解】嘉善有一位姓支的．名叫立。他的父親．做縣裏頭辦刑房一部份事情的書辦。有一個囚人．實在並沒有罪．因爲被人寃枉害他．定了他很重的死罪。這個支書辦的心裏頭很哀憐這個囚人．要想替他求上官．使得他可以不死。那個囚人曉得了支書辦的好意．感激得很．告訴他的妻說．支公的好意．我覺得慚愧得很．沒有法子報答他。明天請他到鄉下來．你就嫁了他．他或者肯用些情分．那末我就可以活了。他的妻聽到了他丈夫的話．實在沒有別的辦法。但是心裏頭並不情願．所以一邊哭．一邊聽他丈夫的吩咐。到了明天．支書辦到了鄉下．這囚人的妻．自己出來勸支書辦喝酒．並且把他丈夫的意思．完全告訴了支書辦．要嫁支書辦。這位支書辦看見他是有丈夫的婦人．怎麽可以要他呢。所以不肯聽他的話．沒有要他。但是支書辦雖然沒有要他．究竟還是盡他的力量．替這個囚人把案子翻轉來了。這個囚人的死罪，竟然免掉了。後來囚人出了監獄，夫妻兩個人，上支書辦的門，叩頭拜謝道。公這樣厚的恩德，實在近代世界上所少有的。現在你沒有兒子，吾把一個沒有能幹的女兒，送給你，做你掃掃地的小妾。這個辦法，就是情理上也可以說得過去的。支書辦聽了他的話，就預備了禮物，把這個囚人的女兒娶了。後來生一個兒子，題他的名字叫立，剛剛二十歲就中了舉人，前幾名的經魁，後來做翰林院孔目的官。立生的兒子叫高，高又生了兒子叫祿，都被保薦做州學縣學的教官。祿生的兒子叫大綸，是中科甲的。

凡此十條，所行不同，同歸於善而已。若復精而言之，則善有眞、有假。有端、有曲。有陰、有陽。有是、有非。有偏、有正。有半、有滿。有大、有小。有難、有易。皆當深辨。爲善而不窮理，則自謂行持，豈知造孽，枉費苦心，無益也。

【註】端、就是直。偏、就是不正。半、就是不滿。窮字、是考究到底的意思。行持的行字，是做的意思。持字、是長久用功的意思。行持兩個字併起來，是修行長久的意思。自謂、是自己說的意思。自己說自己修行修得怎樣的長久，那就有誇口的意思在裏頭了。

【解】上邊所說的十條故事，都是說做善事的人，所做的事情，雖然各不相同。不過他們都是存善心做善事．究竟是在一條善路上的。若是還要講得很精細的話．那末還有各種的分別哩。做善事．有眞的．有假的。有直的．有曲的。有陰的．有陽的。有是的．有不是的。有偏的．有正的。有一半的．有滿足的。有大的．有小的。有難的．有容易的。這種種都是各有各的道理的．都應該要細細的辨別的。若是做了一些善事、不知道考究做善事的道理．只知道自己誇口稱讚自己做善事．做得怎樣的多．做得怎樣的好．那裏知道這就不是做善事．倒反造孽了。寃寃枉枉白白的費了好多辛苦．一些得不到益處的。

何謂眞假。昔有儒生數輩．謁中峯和尚．問曰、佛氏論善惡報應．如影隨形。今某人善．而子孫不興。某人惡．而家門隆盛。佛說無稽矣。中峯云、凡情未滌．正眼未開．認善爲惡．指惡爲善．往往有之。不憾己之是非顛倒．而反怨天之報應有差乎。衆曰、善惡何致相反．中峯令試言其狀。一人謂詈人毆人是惡．敬人禮人是善．中峯云、未必然也。一人謂貪財妄取是惡．廉潔有守是善．中峯云、未必然也。衆人歷言其狀．中峯皆謂不然。

【註】儒生、是有學問的讀書人。謁字、是前去拜見的意思。中峯和尚．是元朝時代的人．在浙江、安徽、兩省交界地方的一座天目山上修行的。是一位很有道行的高僧．元朝封他做普應國師。國師、是全國

的法師．地位是極尊重的。隆字、是興旺的意思．同盛字差不多的。無稽、是沒有憑據的意思。正眼、就是法眼．是佛學裏頭的話．吾們這些人的眼．只可以叫做肉眼．因爲是肉做成的．沒有什麽大用的。法眼、是不論怎樣遠到萬萬里的地方．已經過去的萬萬年．同了沒有到來的萬萬年的事情．都可以看得到的。但是要修到了菩薩．纔能夠有法眼。毆字、就是打。廉字、是不貪錢的意思。潔字、是清白．也是不貪．不做壞事的意思。

【解】吾現在把上邊所說、應該細辨的各種善事的做法．一種一種分開來講明白他。怎麽叫做眞假呢．我來告訴你們。從前有幾個讀孔敎書的人．去拜見中峯和尙。問道．佛家講善惡的報應像影子跟住那個形像一樣的。形像到那裏．這個影子也到那裏的．不會離開的。這是說做了善事．就一定有好報應。做了惡事．就一定有苦報應。決不會不報的。爲什麽現在有一個某人．是善的．他的子孫反不興旺。有一個某人．是惡的．他的家裏頭．倒發達得很。那末佛所說的報應．是沒有憑據了．中峯和尙說道．平常人所有庸俗的見解．沒有洗除乾淨．法眼沒有開．那就會看錯的。認善的反算他是的惡的．指惡的反算他是善的．這是常常有的事情。並且看錯了．還不恨自己顚顚倒倒．把是的算他不是．把不是的算他是．怎麽反怨天的報應錯了呢。各人說道．大家看善的．自然算他善．看惡的．自然算他惡。那裏會看得相反．把善的算惡．惡的算善呢。中峯和尙聽了這班讀書人的話．就叫他們把他們所認做善的．是怎樣的。所認做惡的．是怎樣的。把那些事情實在的樣子．都說出來。有一個人說。罵人、打人．是惡。恭敬人、用禮貌待人．是善。中峯和尚道．你說的不一定是哩。又有一個人說貪財亂要錢．是惡。不貪錢財．清白守住正道理．不走邪路．是善。中峯和尚道．你說的也還不一定是哩。那些讀書人．各人把各人平時所看到的．種種善惡的實在事情都講出來。但是中峯和尚都說不是的。

因請問。中峯告之曰．有益於人．是善。有益於己．是惡。有益於人．則毆人、詈人、皆善也。有益於己．則敬人、禮人、皆惡也。是故人之行善．利人者公．公則爲眞。利己者私．私則爲假。又根心者眞．襲跡者假。又無爲而爲者眞．有爲而爲者假。皆當自考。

【註】利人、是使得旁人有益處。根心、是從良心上發出來的。襲跡、是抄老樣的意思．就是本來沒有誠意．照例做做的意思。無爲有爲兩個爲字．都要在右邊上角加一圈的．是爲了什麼緣故．或是爲了什麼希望的意思。無爲、是沒有什麼緣故．沒有什麼希望。有爲、是有了什麼緣故．有了什麼希望。

【解】那幾個讀書人因爲他們所說的善惡．中峯和尚都說他們說得不對。所以就反過來問中峯和尚．究竟怎樣是善．怎樣是惡。中峯和尚告訴他們道．做有益旁人的事情．是善。做有益自己的事情．是惡。若是做的事情．可以使得旁人得到益處的．那怕罵人打人．也都是善。做的事情．只有自己可以得到益處的．那就恭敬人用禮貌待人．也都是惡。所以一個人的做善事．使得旁人得到利益的．就是公．公就是眞了。只想自己得到利益的．就是私．私就是假了。並且從良心上發出來做的善事．是眞．只不過照例做做罷了的．是假。並沒有什麽別的希望．可以得到．那末所做的善事．是眞。因爲有別的希望．可以得到．纔去做的善事．是假。像這樣的種種．都應該自己細細的考察考察。

何謂端曲。今人見謹愿之士．類稱爲善而取之．聖人則寧取狂狷．至於謹愿之士．雖一鄉皆好．而必以爲德之賊．是世人之善惡．分明與聖人相反。推此一端．種種取舍．無有不謬。天地鬼神之福善禍淫．皆與聖人同是非．而不與世俗同取舍。凡欲積善．決不可徇耳目．惟從心源隱微處．默默洗滌．純是濟世之心．則爲端．苟有一毫媚世之心．卽爲曲。純是愛人之心．則爲端．有一毫憤世之心．卽爲曲．純是敬人之心．則爲端．有一毫玩世之心．卽爲曲．皆當細辨。

【註】謹、是謹愼。愿、是不倔强．沒有用的意思。狂的人志氣極高．一切舉動．只向前進的。狷的人．是安分

守己、不肯亂來的。謬、就是錯、也可以說是荒唐。這裏的淫字、就是說惡人。徇字、是被他利用、受他差遣的意思。心源隱微處、是說這個心、剛剛動著念頭、還沒有人看得到的地方。這裏的洗滌兩個字、並不是放在水裏頭洗、是把心裏頭的惡念頭去乾淨他。就是查察防備、不放這惡念頭起來。媚字、是討好人的意思。憤字、是心上不平的意思。玩世、是把世界上的人來玩弄的意思。

【解】怎麽叫做端曲呢。現在的人、看見謹愼不倔强的人、大都稱他是善人、就喜歡他了。聖人本來喜歡不偏在一邊的人、因爲這種人容易教導、但是不容易得到這種人。若是得到謹愼沒有用的人、就沒有可以使他敢作敢爲的希望了、所以還不如要志氣高、只向前進的人、或是安分守己、不肯亂來的人。倒可以教導他、使得他上進。那些無用不倔强的人、儘管在鄉裏頭、大家都喜歡他、但是因爲他們同了這些世俗人、隨波逐浪、一些沒有志氣、不能夠希望他們上進、所以聖人一定要說這種人是傷害道德的賊。這樣看起來、是世俗人所說的善惡、明明是同聖人相反的了。世俗人說是善的、聖人反說是惡的。世俗人說是惡的、聖人反說是善的。就把這一件事情、推廣到各件事情來講、世俗人所喜歡、或是不喜歡的人、完全同了聖人不一樣的。那末世俗人的看人、還有不錯的麽。天地鬼神、對善人一定報他福、對壞人一定報他禍的。天地鬼神認他是的、聖人也認他是的。天地鬼神認他不是的、聖人也認他不是的。天地鬼神看出來是、或者不是、同了聖人一定是一樣的。但是同了世俗人、就一定是相反的。世俗人所喜歡的、天地鬼神倒不喜歡。世俗人不喜歡的、天地鬼神倒反喜歡。所以凡是要積善功、決不可以被耳所喜歡的聲、目所喜歡的色、所利用、喜歡怎樣、就怎樣做。必須要從心裏頭剛剛發動、還沒有人看得到的時候、暗暗裏自己查察自己、防備、把這個心像洗衣服那樣的要洗得清清淨淨、不可以放這個心轉到一些些的惡念頭上去。所以完全是救濟世人的心、是直。若是有一些討好世人的心、就是曲。完全是愛人的心、是直。若是有一些對世人發出不平的心、就是曲。完全是恭敬世人的心、是直。若是有一些玩弄世人的心、就是曲。這都應該要細細的分辨的。

何謂陰陽。凡爲善而人知之、則爲陽善。爲善而人不知、則爲陰德。陰德、天報之。陽善、享世名。名、亦福也。名者、造物所忌。世之享盛名而實不副者、多有奇禍。人之無過咎而橫被惡名者、子孫往往驟發。陰陽之際微矣哉。

【註】造物、就是天地。因爲世界上所有的東西、都是天地造的、所以天地稱做造物。副字、是稱配的意思。咎、就是錯、同過字差不多的。橫被、是橫來的、無緣無故來的意思。驟字、是忽然來的意思。

【解】怎麼叫做陰陽呢。凡是一個人所做的善事、都被旁人知道的、叫陽善。做的善事、旁人都不知道的、叫陰德。有陰德的人、旁人雖然不知道他做善事、不知道他是善人、但是天自然知道的、會報應他的。有陽善的人、大家都曉得他、都稱讚他、那是他已經享受了世界上的好名譽了。享受好名譽、雖然也是福、但是好名譽是天地所犯忌的、不喜歡的。只要看世界上享受極大名譽的人、他實在沒有極大的功德、可以稱配他所享受的名譽、常常有遭著意想不到的橫禍、一個人並沒有過失錯處、倒反冤冤枉枉、受到橫來的惡名聲的人、他的子孫、就常常會忽然大大的發達起來的。因為並沒有過失錯處的人、大家都反要說壞他、這個人能夠這樣的忍耐、不同旁人計較、他一生所積的善業、一定很多的、所以他的子孫、會忽然的大發達。這樣看起來、陰善陽善的分別、眞是細微得很、不可以不細細的分辨的。

何謂是非。魯國之法、魯人有贖人臣妾於諸侯、皆受金於府。子貢贖人而不受金、孔子聞而惡之曰、賜失之矣。夫聖人舉事、可以移風易俗、而教導可施於百姓、非獨適己之行也。今魯國富者寡而貧者眾、受金則為不廉、何以相贖乎。自今以後、不復贖人於諸侯矣。

【註】這個臣字、並不是皇帝國王的臣子、是一個大人家裏的奴隸。古時候窮苦的人、不能夠生活了、就自己把自己的身體、賣給富貴人家、男的叫做臣、女的叫做妾。或是這一國同了那一國打仗、打贏

的國．捉到了打輸那一國的百姓．當做奴隸．也叫臣妾。府、是管錢財的官。子貢、是孔夫子的弟子．理財的本領很好的。惡字要在右角上邊加一圈．的就是恨的意思。賜、是子貢的名。道字、要在右角上邊加一圈．同導字一樣的．是引導的意思。適己、是自己痛快的意思。寡、就是少。

【解】怎麽叫做是非呢。從前春秋時代．魯國定的一種國法．凡是自己國裏頭的百姓．被他國擄去做臣妾的．若是有人肯出金錢．向他國諸侯．把這些人贖回來了．這個出金錢的人．就可以向官府那裏去領賞金的。大概從周朝的末年．春秋時代．一直到戰國時代．都是亂得很．有勢力的．就各自稱起王來了．或是稱公稱侯、都有的．大家都立起國來了．大大小小．連了原有的各國．總共有十幾國．你攻打我．我攻打你．你吞併我．我吞併你．這種人都叫諸侯。魯國是弱小的國．常常受他國的欺壓．被他國來攻打．百姓被擄去做臣妾的很多．碰到了喜歡做善事的人．就可以代替被擄去的人．拿了金錢去贖回來的．贖了出來．這個人就可以自由了。並且那贖人的人．還可以到專門管理錢財的官那裏去領賞錢哩。子貢是一位有錢的人．並且很熱心的．他也去替人家贖了被擄去的人。但是子貢雖然代替人贖了被擄去的人出來．子貢却不受魯國的賞金。在子貢一面講起來．不受賞金．是完全幫人家的忙．是很好的意思。但是孔夫子聽到了．倒很恨子貢．說道、這件事賜做錯了。凡是聖人的一舉一動．不論什麽事情．都要做了可以把風俗改變好．可以教訓引導百姓大家做好人．這種事纔可以做得。不是單單爲了自己覺得爽快稱心、就去做的。現在魯國富的人少、窮的人多、若是受了賞錢、就要算貪財、那末不肯受貪財的名的人同了錢不多的人、都不肯代替旁人贖人了。一定要很有錢的人、纔可以有力量去贖人了。恐怕從現在起、將來不再有向諸侯那裏去贖人的事情了。孔夫子恐怕子貢這樣辦法、礙到後來不肯再有贖人的人、所以要責備子貢。

子路拯人於溺、其人謝之以牛、子路受之。孔子喜曰、自今魯國多拯人於溺矣。自俗眼觀之、子貢不受金爲優、子路之受牛爲劣、孔子則取由而黜賜焉。乃知人之爲善、不論現行而論流弊。不論一時而論久遠。不論一身而論天下。現行雖善、而其流足以害人、則似善而實非也。現行雖不善、而其流足以濟人、則非善而實是也。然此就一節論之耳。他如非義之義、非禮之禮、非信之信、非慈之慈、皆當決擇。

【註】子路、也是孔夫子的弟子、精通武藝的。拯、是救的意思。劣、是不好、同了優字是相反的。由、是子路的名。黜字、是責備是不取的意思。現行、是眼前所做的事。流弊、是後來有弊端要流傳下去的意思。決擇、是要自己決定去分別分別、免得弄錯。

【解】子路看見一個人跌在水裏頭去．把他救了起來。這個人拿一只牛來謝子路．子路不客氣的就受了。孔夫子知道了很喜歡的說道。從現在起．魯國的人若是有跌到水裏頭去的．來救的人．一定一天多一天了。因爲子路是有勇氣救人的災難．被救的人．是肯很厚的報答救他的人。兩邊一個肯救．一個肯謝。可以勸勸世界上的人．大家都學他們的樣。這一件事．在世俗人的眼光看起來．子貢不受金．是好的．子路受牛．是不好的．不料孔夫子倒反稱讚子路．責備子貢。照這樣看起來．聖人的見解．同了世俗人的．確是兩樣的。要曉得一個人的做善事．不講眼前做得一時的爽快．要講做了有沒有流傳下去的弊端。不是講一時的對不對．要講長久的對不對。不是只講關係我一個人．要講關係天底下大眾的。現在所做的．雖然是善．但是流傳下去．要害人的．那就雖然像善．實在還是不善。現在所做的．雖然不是善．但是流傳下去．能夠救濟人的．那就雖然像不善．實在倒是善。這不過拿一件事情來講講．還有種種面子上是這樣．實在不是這樣的事情．多得很哩。一個人應該做的事情叫義．但是有的時候．做應該做的事情．也有做錯的．做了倒反要壞事的。譬如有一個壞人．可以不必去寬放他的．有人把他寬放了．這寬放人的事．不能夠不算是義．但是寬放這個壞人．倒反使得他膽子更加大了．壞事更加要做得多了。結果旁人受他的害．並且他自己也究竟犯了罪．反不如不寬放他．稍稍儆戒他一些．使得他不再犯罪的好。不寬放他．是非義．使得這個人不再犯罪．是義．這就叫非義之義。禮貌是人人應該有的．但是也有分寸的。譬如對待一個人．應該用六七分禮貌的．竟然有人用十二分的禮貌．那就過了分了。或者反使得那個人自大起來驕傲起來了。用禮貌對待人是禮．但是過了分．反使得人驕傲起來是非禮了．這就叫非禮之禮。信用是做人很要緊的事情．但是也要看事情的。譬如因爲要顧全一些小事情的信用．倒反耽誤了大的事情．不能夠顧全信用顧全小的信用是信．但是有時候因爲要顧全小的信用．倒反使得大的信用．不能夠顧全．就變成非信了．這就叫非信的信。慈、是愛人愛人本來是好事．但是對待小輩．或是隨便什麼人因爲過分愛了他就碰到了應該責備他的時候．也不責備了．使得他就胆子更加大了．壞事更加做得多了大了．到底闖出大禍來了。愛人本來是慈．但是因爲過分愛了．反使得人膽子更加大．闖出大禍來．那就變成不慈了．這就叫非慈之慈。像這樣種種的事情．一不小心．就會壞事的。所以都應該要細細的把念頭決定．把事情認識清楚的。

何謂偏正。昔呂文懿公初辭相位．歸故里．海內仰之．如泰山北斗。有一鄉人．醉而詈之．呂公不動。謂其僕曰．醉者勿與較也．閉門謝之。逾年．其人犯死刑入獄。呂公始悔之曰．使當時稍與計較．送公家責治．可以小懲而大戒。吾當時只欲存心於厚．不謂養成其惡．以至於此。此善心而行惡事者也。

【註】呂文懿公、名叫原．號叫逢源．是浙江省湖州府秀水縣人。明朝英宗皇帝正統年間的進士．翰林院編修．做過宰相．人極方正．一些不圓滑的。死後皇帝賜謚法．叫文懿．大家尊重他．所以稱他呂文懿公。故里、是舊家鄉。海內、就是國裏頭的意思。仰字、是大家佩服看重相信的意思。泰山、在山東省裏．是中國本部最高的山。北斗、就是北極星．是天上各種星所歸向的一個大星。泰山北斗．是譬喻大家尊重恭敬這個人．當他做各種山裏頭的泰山．各種星裏頭的北斗星．意思就是沒有再勝過他的。閉門、就是關門。謝字、是不睬他的意思。逾、是過了的意思。較、是計較．就是認起眞來。懲字、是警戒的意思。○編修、是翰林院裏頭一種官的名目。

【解】怎麽叫做偏正呢。從前呂文懿公剛剛辭掉宰相的位子．回到自己的老家鄉來。因爲呂公做官做得好．國裏頭的人．大家都佩服他．看重他。像大眾是各種平常的小山．呂公是山裏頭最高最大的泰山．大眾是平常的小星．呂公是各種星裏頭最大最亮的北斗星．大家都看重他到這種地步。獨有一個鄉下人．喝醉了酒．罵呂公。呂公並不覺得自己身分大了．拿出威勢來。他只是一些不動．並不發火．向自己的用人說道．這個人是喝醉了酒的．不要同他認眞。就關了門．不睬這個喝醉酒的人。過了一年．這個人犯了死罪．捉進監裏頭去了。呂公方纔懊悔說道．倘使這個喝醉酒的人罵我的時候．稍稍同他計較計較．送到官廳裏頭去．輕輕的辦辦他．可以借了小的責罰．成了大大的儆戒．他就不敢再放肆了。吾那個時候．只想存了厚道的心．就輕放他過去了。那裏知道．倒養成了他惡的性情了。他想罵了宰相也沒有什麽不得了．就儘管放大了膽做惡事．直到犯了死罪．把性命都送掉。這是存了善心倒反做了惡事的一種實在的事情。

又有以惡心而行善事者。如某家大富．值歲荒．窮民白晝搶粟於市．告之縣．縣不理．窮民愈肆．遂私執而困辱之．衆始定。不然．幾亂矣。故善者爲正．惡者爲偏．人皆知之。其以善心而行惡事者．正中偏也．以惡心而行善事者．偏中正也。不可不知。

【註】值、是碰到的意思。粟、就是米。肆、就是放肆。困辱、是捉住了出他的醜。

【解】也有存了惡心倒反做了善事的。像有一個大富的人家．恰巧碰到了荒年．窮百姓白天在市面上搶米．這個大富的人家．把這個搶米的人．送到縣官那裏去告他．縣官不肯受理這件案子．這些窮百姓看見縣官不受理．就膽子更加大了．更加放肆橫行了。這大富人家．就私底下把這個搶米的人．拿住了．把他關了起來．還要出他的醜。那些搶米的人．怕這大富人家要拿人．倒反定了．不搶米了。倘然不是這樣的拿來辦一個榜樣．大家搶起米來．市面幾幾乎要亂了。所以善是正．惡是偏．自然大家都知道的。但是也有存了善心．倒反做成了惡事的．那就存心雖然是正．結果變成了偏．只可以稱做正中的偏．不可以說正中的正了。不過也有存了惡心．倒反做成了善事的．那存心雖然是偏．結果倒反變成了正．那就可以說是偏中的正．不說是偏中的偏了。這種道理．大家不可以不知道的。

何謂半滿。易曰、善不積、不足以成名。惡不積、不足以滅身。書曰、商罪貫盈．如貯物於器。勤而積之．則滿。懈而不積．則不滿。此一說也。

【註】滅身、就是殺身的大禍。貫字、是穿的意思。盈字、是滿的意思。罪貫盈、是說罪孽像錢穿滿了一串的樣子。因爲一串錢．是很多的．罪孽也像那樣的多．是多極了。貯字、是收藏的意思。懈字、是懶惰不勤的意思。

【解】怎麼叫做半滿呢。易經上說．一個人不積善．不會成好名譽的。不積惡．不會有殺身大禍的。書經上說．商朝的罪孽．像穿的一串錢那樣的滿。因爲一國的主．是代表全國的。紂王是商朝的王．可以代表商朝的．所以紂王惡貫滿盈．就可以說商朝惡貫滿盈。所說的積善積惡．像收藏東西在一個傢伙裏頭．很勤的天天收藏起來．一天多積一天．積積就滿了。若是懶惰些．不去收藏存積起來．那就不會滿了。這是講半善滿善的一種說法。

昔有某氏女入寺．欲施而無財．止有錢二文．捐而與之．主席者親爲懺悔。及後入宮富貴．攜數千金入寺捨之．主僧惟令其徒回向而已。因問曰、吾前施錢二文．師親爲懺悔。今施數千金．而師不回向．何也。曰、前者物雖薄．而施心甚眞。非老僧親懺．不足報德。今物雖厚．而施心不若前日之切。令人代懺足矣。此千金爲半．而二文爲滿也。鍾離授丹於呂祖．點鐵爲金．可以濟世。呂問曰、終變否。曰、五百年後．當復本質。呂曰、如此則害五百年後人矣．吾不願爲也。曰、修仙要積三千功行．汝此一言．三千功行已滿矣。此又一說也。

【註】主席、就是前面有過的主僧一樣的。攜、就是拿。徒、是弟子。數千金、就是幾千兩銀子。鍾離、名叫權．是漢朝時代的人．後來成仙的。呂祖的名字．是一個巖字．號洞賓．唐朝時代的人．發過科甲的．做過兩次縣官。有一次碰到一位仙人．就是鍾離。鍾離把道教裏頭所煉的丹．給呂祖．並且教呂祖修仙的方法。呂祖就跟了鍾離．到陝西省西安府長安縣的終南山裏頭去修．後來得道的。本質、是本來的質地。

〇道教裏頭有一種煉丹的方法。煉成功了．有種種的用處。不是幾句話說得明白的．不過曉得有這麼一件事就是了。

【解】從前有某姓人家的一個女子．到一處佛寺裏去．要施送錢給寺裏頭。可惜沒有多錢．身上只有二文錢．就拿來施給和尚。那裏曉得這個寺裏的主席和尚．竟然親自替他在佛面前囘向求懺悔。到後來、這個女子進了皇帝的宮裏頭去．又富又貴了．帶了幾千兩銀子到寺裏來施助。那裏知道這位主僧．只不過叫他的徒弟．替那女子囘向罷了。那女子不懂這個和尚．爲什麼前後輕重顚倒到這種樣子。所以問主僧道．吾從前不過施二文錢．你師父就親自替我懺悔。現在我施了幾千兩銀子．師父倒不替我囘向．這是什麼意思呢。主僧囘答道．從前施二文錢．雖然施的錢很薄．但是你施錢的心．很眞切的。所以不是我老和尚親自替你懺悔．不夠報你意思很眞切的功德。現在錢雖然多．但是施錢的心．不像從前的眞切。叫人代你懺悔．也就夠了．不必要我親自求了。這就是幾千兩銀子．倒反算一半的善。二文錢．倒反算完滿的善。全在這個心眞不眞的分別了。又鍾離把他煉丹的方法．傳給呂祖。用那種丹點在鐵上．就能夠變成黃金．可以拿來救濟世界上的苦人。呂祖問道、變了金．到底會不會仍舊變成鐵的。鍾離道、五百年後．仍舊要變回本來的鐵質的。呂祖道、五百年後．仍舊要變成鐵的．那不是就害了五百年後的人．拿了黃金變成鐵了麼。我不願意做這種害人的事情。鍾離叫呂祖點鐵變成黃金．實在是試試呂祖的心。現在聽到呂祖不肯貪眼前的便宜．害後來的人．這種存心．是很好的，功德很大的。所以向呂祖說道，修仙要積滿三千件有功德的事情，你這一句話，三千件有功德的事情已經可以說是做圓滿了。這是半善滿善的又一種說法。

又爲善而心不著善，則隨所成就，皆得圓滿。心著於善，雖終身勤勵，止於半善而已。譬如以財濟人，內不見己，外不見人，中不見所施之物，是謂三輪體空，是謂一心清淨，則斗粟可以種無涯之福，一文可以消千劫之罪。倘此心未忘，雖黃金萬鎰，福不滿也。此又一說也。

【註】著字、應該在右邊下角加一圈，是著牢在這件事情上邊的意思。隨所成就，是隨便你所做的什麼善事，都能夠做成功。三輪、是佛經裏頭的話，布施的我，受布施的人，同了布施的東西，這三種叫做三輪。體空、是把這三種都要看空，不可以自己算自己了不得，肯把東西來布施人。也不可以把受我布施的人，算他是得了我的恩惠了。也不可以把布施的東西，算是怎樣的多，怎樣的值錢。要把這三種都看得沒有這麼一件事情，就叫體空。體、本來是實體，就是實質。把三輪看得眞了，這三輪就有了實在的體質了。看得不當一件事情。沒有這樣東西，就沒有實在的體質了，就是體空了。粟、就是米。涯、本來是水邊的意思。無涯、就是無邊，也就是沒有限制的意思。劫字、是佛經裏頭一個極大的數目字

不可以不曉得的。劫有大劫、中劫、小劫、三種。小劫、是人的壽命．從最短只有十歲的時候算起．每過一百年．加一歲．一直加到八萬四千歲。到了八萬四千歲．就每過一百年．減一歲．仍舊減到十歲。照這樣的加一回．減一回．總共是一千六百八十萬年．叫一個小劫。鎰、是二十兩。一鎰、是一個二十兩。萬鎰、是一萬個二十兩。○布施、是捐助是施送的意思。劫字、在前邊已經講過的。不過怎麼樣成一個小劫沒有講清楚．所以在這裏補講明白的。

【解】做善事．要像我本分裏頭應該做的．不算一件什麼特別的事情。做了就做了．不可以常常粘牢在這件善事上邊．自己算做了善事了．了不得了。能夠這樣．那就隨便你所做的什麼善事．都能夠做得成功．並且成功得都很圓滿。若是做了一件善事．這個心就著牢在這件事情上．那就儘管你一生一世很勤很有興的做善事．也只不過是半善罷了。譬如拿錢財來救濟人．要裏頭不看見布施的我．外邊不看見受布施的人．中間不看見布施的錢財．這纔可以叫做三輪體空。一心清清淨淨．不著一些些痕跡．這樣的布施．纔可以算是很大的功德。那怕你所布施的．不過一斗米．也就可以種沒有限制的福了。一文錢．也就可以消一千劫所造的罪了。倘然這個心．不能夠忘掉我做了善事了．那末你儘管布施了一萬個二十兩的黃金．還是不能夠得到滿足的福．這又是一種說法。總之做善事．不重在事的．是重在心的。

何謂大小。昔衛仲達爲館職．被攝至冥司。主者命吏呈善惡二錄．比至．則惡錄盈庭。其善錄．僅如筯而已。索秤稱之．則盈庭者反輕．而如筯者反重。仲達曰、某年未四十．安得過惡如是多乎。曰、一念不正．即是不待犯也。因問軸中所書何事．曰、朝廷嘗興大工．修三山石橋。君上疏諫之．此疏稿也。仲達曰、某雖言．朝廷不從．於事無補．而能有如是之力。曰、朝廷雖不從．君之一念．已在萬民．向使聽從．善力更大矣。故志在天下國家．則善雖少而大．苟在一身．雖多亦小。

【註】館是一個機關。從前翰林院．常常稱做翰林館的．衛仲達在翰林館裏頭擔任職務．所以稱館職。攝字、是引的意思．也有捉的意思。冥司、就是陰間。錄、就是冊子。比字、要在右角上邊加一圈．是等到的意思。庭、是在堂的前面．俗語叫天井。一軸、就是一捲。筯、就是吃飯的筷。待字、是等候的意思。某、是本人自己稱自己。朝廷、本來是皇帝辦事的地方．但是朝廷兩個字．可以代表稱皇帝．也可以代表稱政府的。不過現在所稱的政府．是省可以稱省政府．縣可以稱縣政府．從前的朝廷．是只可以代表皇帝那裏最高的政府的。三山、就是福建省福州府．從前叫三山．現在還有些人仍舊把福州叫做三山的。所以福州會館．就叫他三山會館。君字、就是你．這是尊重客氣的稱呼。疏、是奏章。諫字、是勸的意思．凡是

在下的人.像臣勸君.子勸父.都叫諫。

【解】怎麼叫做大小呢。從前有一位姓衛.名叫仲達的.做過翰林院裏頭的官的。有一次被陰司的官.派小鬼把他的魂.引到陰間來。陰間的官.吩咐手下的書辦.把記他在陽間所做的善事惡事.兩種冊子送上來。等到冊子送到.那裏知道.記他惡事的冊子.多得很.天井裏頭竟攤滿了。記他善事的冊子只有一捲.並且小得很.只不過像筷子那樣粗。陰司的官.又吩咐拿秤來.把兩種冊子稱稱看。又那裏知道.天井裏頭攤滿的惡冊子.倒反輕。像筷子那樣小捲的善冊子.倒反重。衛仲達不懂了.問道.我年紀還沒有到四十歲.那裏會有這樣多的過失.這樣多的罪惡呢。陰官道.只要一個念頭轉得不正.就是罪惡.不等到你去實在犯的。譬如看見了女色.就動了壞念頭.已經犯了天所定的法律了。衛仲達聽了陰官的話.就問這一小捲善冊子裏頭.所記的是什麼。陰官道.皇帝有一次要想興起很大的工程.修三山地方的石橋。你上了奏章.勸皇帝不要修.免得百姓做工的苦。這一小捲裏頭.就是你的奏章底稿。衛仲達道.我雖然上了奏章說過.不過皇帝沒有依我的奏章.還是興工的。那是在這事情上.沒有補救得什麼。怎麼能夠有這樣大的力量.可以比天井裏頭攤滿的惡冊子.還要重呢。陰官道.皇帝雖然沒有依你的奏章.但是你這一個念頭.究竟是想免得大眾的百姓吃苦.終是很好的。倘使皇帝依了你的奏.那善的力量.比了現在更加要大得多哩。所以做善事的志願.要使得天下國家大眾人都得到好處。那就善事雖然小。功德倒是很大的。倘然只爲了自己的一身。可以得到好處。那末善事雖然多。功德倒反很小的。所以善的大小。只在乎爲公爲私的分別。

何謂難易。先儒謂克己須從難克處克將去。夫子論爲仁。亦曰先難。必如江西舒翁。捨二年僅得之束修。代償官銀。而全人夫婦。與邯鄲張翁。捨十年所積之錢。代完贖銀。而活人妻子。皆所謂難捨處能捨也。如鎮江靳翁。雖年老無子。不忍以幼女爲妾。而還之鄰。此難忍處能忍也。故天降之福亦厚。凡有財有勢者。其立德皆易。易而不爲。是爲自暴。貧賤作福皆難。難而能爲。斯可貴耳。

【注】幾個易字。都要在右角上邊加一圈。是容易不難的意思。克字、是勝過的意思。己、是私心。克己、是勝過自己的私心。就是能夠除掉這個私心。翁字、是尊重老年人的稱呼。束修、是乾的肉。肉十條叫一束。在古時候學生第一次見先生。一定要預備了禮物去的。就用十條乾肉算禮物的。到後來就不一定用肉了。用銀錢也可以的。因爲這個典故相傳下來。送先生的薪水。也就叫束修了。自暴、是自己踏蹋自己。自己不要好的意思。

【解】怎麽叫做難易呢。從前有學問的讀書人。都說要除掉自己的私心。要從難除的地方先除起。難的能夠除去．不難的自然容易除了。孔夫子的弟子樊遲．問孔夫子怎麽叫做仁。孔夫子也說．先要從難的地方下功夫。孔夫子所說的難．也就是除掉私心。可見得除掉私心．的確是很難的。但是越難越不能夠不除的．像江西省裏頭有一位舒老先生．他在人家教書．看到一個窮人欠了公家的錢．官要把他的妻收去做婢女了．夫婦就要拆散了。舒先生就把他兩年所積下來的束修．完全拿出來代替這個窮人還了所欠公家的錢。這個窮人．就免了夫婦拆散了。又像直隸省、廣平府、邯鄲縣裏頭．一位張老先生看到一個窮人．把妻同了兒子．抵押了錢用了．若是沒有錢去贖．恐怕妻子都要活不成了。張先生心上很難過．就把他十年來所積下的錢．完全拿來替這個窮人．把他的妻子贖了回來。像這姓舒姓張的兩位老先生．把大家捨不得的錢．把慢慢的積下來的錢．捨給旁人．這眞是大家所說的．不容易捨得的．他們竟然能夠捨得了。又像江蘇省的鎭江府裏頭．有一位靳老先生．雖然年紀很老了．還沒有兒子．他的鄰居．把一個年紀很輕的女兒給他做妾．希望他生一個兒子。但是這位老先生．覺得自己老了．心上過意不去．娶這個年輕的女子．就把女子還了鄰居．沒有要他。這又是很難忍住．能夠忍住的事了。後來這幾位老先生．到底都享大福的．因爲他們的心好．能夠做到旁人不容易做到的事．所以天賜他們的福．也很厚的。天底下凡是有錢財、有勢力的人．他們要立些功德．比了平常的人．來得容易容易做到的．還不肯做．就叫自己丟棄自己。沒有錢財．沒有勢力的人．什麽力量都沒有、他要做一些福．是很難的．很難做到．尚且能夠做．這就很有價值了。

隨緣濟眾．其類至繁。約言其綱．大約有十。第一、與人為善。第二、愛敬存心。第三、成人之美。第四、勸人為善。第五、救人危急。第六、興建大利。第七、捨財作福。第八、護持正法。第九、敬重尊長。第十、愛惜物命。

【註】隨緣、是碰到機會就做的意思。約言、是約畧說起來．簡單說起來的意思。綱、本來是一張網的一條總把大繩．把這一條總把大繩拿住了．全張網就可以提起來了。所以綱字、有撮總的意思．也有大畧的意思。還有一個題目的意思。與人為善的與字、是幫助助成的意思。興、是興起來。建、是成立起來。護、是保護。持、是扶持住．有不放他倒的意思。正法、是佛法一類的正大光明的法。

【解】碰到有緣的地方機會到了的時候．就可做救濟眾人的事了。不過只說濟眾．也不是容易做到的。濟眾的種類也多得很哩。簡單撮總說說．大約有十種。第一、是與人為善。看到旁人有一點善心．我就幫助他使得他善心長大起來。旁人有一件善事．剛剛要想做．或是已經做起頭了．力量不夠做不成功．我就幫助他使得他做成功。這都是幫助人做善事．就叫與人為善。第二、是愛敬存心。凡是在我上頭的人．像比我學問好．年紀大．輩份高的人．都應該要敬重他。比我年紀小．輩份低．景況窮的人．都應該要愛護他。第三、是成人之美。譬如一個人．要做一件好的事．心上沒有決定．應該要勸他盡心盡力的去做。有一件很好的事．有種種爲難．種種阻礙．不能夠成功．應該要想方法．指引他．勸導他．使得他成功。第四、是勸人爲善。碰到專門做惡事的人．要勸他做了惡事．有怎樣的苦報應的．惡事是萬萬做不得的。碰到不肯做善事的人．或是只肯做一些些小善事的人．就要勸他做了善事．有怎樣的好報應．一定要做的．還要做得多．做得大哩。第五、是救人危急。一個人在危險急難的時候．最是苦得說不出來．譬如快要跌到水裏去了．就趕緊去拉他一把．不放他跌下去。或是一個人病重了的時候．沒有錢請醫生買藥．就趕緊給他些錢．使得他有人醫了．有藥吃了．病就可以好了。像這種事情．多得很．那裏說得完呢。不碰到這種事情．當然沒有法子去救．若是碰到了．就萬萬不可以縮了手．只做不看見．不聽見的。第六、是興建大利。有大利益的事情．自然要有大力量的人．纔能夠做得到．一個人既然有了大力量．自然應該做些有大利益的事情．方便方便大眾。但是沒有大力量的人．也可以做的。譬如有一個泥土築成的很大的堤．這個堤關係非常的大．若是倒了．就要有很大的地方受到水災的。起初堤上只有一個小小的洞．水在洞裏冒出來．只要用一些些泥土．同了小石子．就可以塞住了．這個堤就可以保住了．水災也就可以免了。這不就是用一些些的小力量．做成了大利益麼。這種功德．不是同了興建大利一樣的麼．不是樂得做的麼。第七、是捨財作福。錢財是應該要流通的．拿住在手裏頭不動，大家就叫他守財奴，這是何苦呢。不過做救濟人的事，大半是要用錢的多，用一文錢去救人，就自己積一分福，用千文錢去救人就自己積千分福。雖然說做善事，全看這個心有沒有善的意思，但是只有善心，不做善事，那這個善心也就是空的了。第八、是護持正法。這種法、就是各種宗教的法，教多得很，各教就有各教的法，教有正的，有邪的，法也就有正的，有邪的，邪教的邪法，最容易害人心，害風俗，自然應該禁止的。但是正法像佛教的佛法，那是最容易勸導人心，挽回風俗的。若是有人破壞，一定要用全副力量去保護維持的，不可以讓他破壞，讓他衰敗的。第九、是敬重尊長。凡是學問深，見識好，職位高，輩份大，年紀老的人，都稱尊長。自己覺得樣樣不如他們，應該要敬重他們，不可以看輕他們的。第十、是愛惜物命。凡有性命的東西，雖然小的像螞蟻那樣一些些的，他的形狀儘管同了人兩樣，但是他也有知覺的，也曉得痛苦的，也是貪生怕死的。應該要哀憐他們，怎樣可以亂殺亂吃呢。有些人常常說，這些東西本來是供給人吃的，這是最不通的話了。那個人告訴你這些東西，本來是供給人吃的，這都是貪吃的人造出來的話。上邊所說的十種，不過提出一個題目罷了，下邊再一條一條的詳細說明他。

何謂與人為善。昔舜在雷澤，見漁者皆取深潭厚澤，而老弱則漁於急流淺灘

之中．惻然哀之．往而漁焉。見爭者皆匿其過而不談。見有讓者．則揄揚而取法之、朞年、皆以深潭厚澤相讓矣．夫以舜之明哲．豈不能出一言教衆人哉．乃不以言教．而以身轉之．此良工苦心也。

【註】雷澤、是一個澤的名稱．在山東省曹州府濮縣的東南。就是從前的濮州．現在改稱濮縣。漁者、是捉魚的人。水滿的地方．叫潭。厚、是水多的意思。弱、是不强壯的人。惻然、是悲傷的意思。匿、是遮瞞掩藏的意思。揄揚、是稱讚傳揚開來的意思。取法、是學旁人的樣子。朞年、是滿一年。哲、是聰明。轉、是拿自己的身體來做榜樣．使得旁人看了．轉變他們的心。良工、本來是好的工人．能夠做出好的東西來的。這裏是說舜能夠把壞人來改好．譬如好工人把東西改好一樣的。苦心、是想盡了種種方法．不顧到自己去勸人叫做苦心。

【解】什麼叫做與人爲善呢。從前虞朝的舜．還沒有做帝的前．在雷澤湖邊．看見捉魚的人．都揀湖裏頭水深的地方．同了水匯聚在一處的地方去捉魚。那些老的、不强壯的、捉魚人．都在水流得急的地方．同了灘邊水淺的地方捉。這是因爲水流得急的地方．魚停不住的．灘淺水少的地方．魚也不會停在那邊的．魚是不容易捉到的。不比水深的地方．水匯聚在一處的地方．魚都在那裏游來游去的．容易捉，並且可以捉得多。那些年紀輕，身體強壯的人，仗他們有力氣，就把這些好地方，硬佔去了。那種老的人，不強壯的人，就挨不到了。舜看見他們捉不到魚，心裏頭悲傷得很，哀憐他們。就想了一種很好的方法，自己也軋進去捉魚。看見那些喜歡搶奪的人，把他們的過失，都替他們遮瞞起來，一些不講。看見那些客氣的人，你肯讓我，我肯讓你的人，到處稱讚他們，拿他們來做榜樣，學他們的樣子。到了舜捉魚捉了一年，那些人究竟還是有良心的，看了舜這樣的客氣，肯讓人，也覺得不好意思了。都把水深水多的地方，大家你讓我，我讓你了。這一段事情，不過引來勸化人，不但是自己要做善人，也要勸導旁人，大家都做善人的意思。不可以想錯了念頭，算是勸人捉魚。捉魚是犯殺生的大罪孽的，千萬不可以做的，這一層意思，不可以不說明白的。你們想、像舜那樣明白聰明的人，豈有不能夠說幾句話來教化眾人，一定要自己親自軋進去，做榜樣給大眾看呢。要曉得舜不用話來教化眾人，一定要拿自己的身體來做榜樣，使得眾人看見了，自己心上覺得不好意思，情情願願，把心改變過來，這真是好工人轉變人心的苦心，實在是了不得的。

吾輩處末世，勿以己之長而蓋人。勿以己之善而形人。勿以己之多能而困人。收歛才智，若無若虛。見人過失，且涵容而掩覆之。一則令其可改。一則令其有

所顧忌而不敢縱。見人有微長可取．小善可錄．翻然舍己而從之。且爲豔稱而廣述之凡日用間發一言．行一事．全不爲自己起念．全是爲物立則。此大人天下爲公之度也。

【註】近年來的世界．不像古時代樣樣興旺的世界．叫末世。因爲世界從開闢到現在．已經很長久了。人心是一天壞一天．風俗是一天薄一天的時代了．所以稱做末世。同前邊有過的晚世差不多的。形字、是比的意思。拿自己的長處．來比旁人的短處．形容得自己了不得。困、是使得旁人難受的意思。斂字、同收字差不多．有收藏的意思。涵、容、是包含的意思。掩覆的覆字．要在右邊上角加一圈．是遮瞞蓋沒的意思。縱、是放肆。微、是細小。取字、是拿來學他樣的意思。翻然、是把本來的意思．完全趕快翻轉過來。豔字、是好看好聽的意思。豔稱、是稱讚得非常好聽的意思。述、就是講出來。這裏的物字．並不當做東西解釋的．是當做大眾人的解釋。又凡是自己以外的一切．都可以稱做物的。則字、就是規則、章程、法律．都可以說的。大人、是道德高的人．或是職位高的人。從前做皇帝的．或是做國王的．有了一個國．就算天底下只有我一個國了．所以就把自己的國．稱做天下。並且把天下當做私的．算這個天下是我一個人所有的．不是大眾公共所有的．所以禮記上有這天下爲公的一句。是要改正把天下當做

私人所有的一種私心．所以說天下是公的。這裏天下爲公．是說天底下所有的一切．都是公的。度、是人的度量。

【解】我們生在這種末世的時代．人心不像古時的厚道．做人是不容易的。旁人有不如我的地方．不可以把自己的長處來蓋過旁人。旁人有不善的事情．不可以把自己的善來比較旁人。旁人的能力不及我．不可以把自己有的能力來難倒旁人。自己有才幹有聰明．要收歛起來．不可以完全顯露在外面．應該要像沒有才幹聰明一樣。要看得才幹聰明．都是虛的假的一樣。看到旁人有過失．姑且替他包含替他遮瞞。所以要包含遮瞞的緣故．一種是使得他自己可以把過失改掉。一種是使得他看見自己的過失還沒有給旁人說穿．自己還覺得不好意思．不敢明目張膽的放肆。常常有人因爲已經拉破了面子．就沒有什麼顧忌了．就什麼壞事．都做出來了。所以看到旁人有過失．萬萬不可以輕易去說穿他的。看到旁人有一些些的長處．可以學的．有小小的善心善事．可以記起來的．應該立刻翻過來．把自己不如他的主見放下了．學他的長處。還要把非常好聽的話．來稱讚他替他向各處傳揚開來．使得大眾都曉得他的好處。他也可以高興起來．把他的小善心．小善事．漸漸的放大起來存大善心．做大善事。一個人在平常時候．不論有什麼動作．不論發一句話．或是做一件事．完全不可以爲了自己．發起一種念頭來。要完全爲了大眾．爲了自己以外的一切．立出一種規則來．使得大眾可以通行。這纔是大人把天下所有的一切、都看做是公不是私的度量哩、這種度量大不大呢。

何謂愛敬存心。君子與小人、就形跡觀、常易相混。惟一點存心處、則善惡懸絕、判然如黑白之相反。故曰君子所以異於人者、以其存心也。君子所存之心、只是愛人敬人之心。蓋人有親疏貴賤、有智愚賢不肖、萬物不齊、皆吾同胞、皆吾一體、孰非當敬愛者。愛敬衆人、即是愛聖賢。能通衆人之志、即是通聖賢之志。何者、聖賢之志、本欲斯世斯人、各得其所、吾合愛合敬、而安一世之人、即是爲聖賢而安之也。

【註】君子、是有道德的人。小人、是沒有道德的人。形迹、是外貌。懸絕、是相去得很遠的意思。判然、是大不相同的意思。異字、是不同的意思。這裏的疏字、是遠的意思、不親近的意思。不肖、是不學好的下流人品。類、就是類這裏的通字、要當做明白解釋。志字、要當做意思解釋。各得其所、是各人都能夠平平安安、得到安居樂業的地方。合字、是普偏完全的意思。

【解】什麼叫做愛敬存心呢。君子同了小人、單把他們的外貌看起來、常常容易混雜的。因爲小人樣樣會做的．種種的假仁假義．有時候竟然像君子一樣．一不小心．就要上他們的當的。不過這一點存心．那就君子是善的．小人是惡的．就要相去得很遠了。他們的分別．就要像黑同了白．絕對相反不相同的了。所以孟夫子說過的．君子的所以比平常人不同．就是在他們的存心。君子所存的心．只有愛人敬人的心。君子看出來人儘管有親近的疏遠的．有尊貴的有低微的．有聰明的有蠢笨的．有有道德的．有不向上的下流人．千千萬萬的種類．都是不一樣的。但是都是吾的同胞．都是同吾一樣有眼、耳、鼻、舌的．同吾一樣穿衣吃飯的．那一個不是應該愛他敬他的呢。愛敬眾人．就是愛敬聖人賢人。因爲聖人賢人是專門愛人敬人的．能夠像聖人賢人那樣的愛人敬人．就合了聖人賢人的心了。能夠合了聖人賢人的心．就是愛聖人敬聖人．愛賢人敬賢人了。能夠明白眾人的意思．就是明白聖人賢人的意思。爲什麼呢．因爲聖人賢人的意思．本來是要世界上的人．大家都可以安居樂業。眾人的意思．也是想大家可以安居樂業。所以吾能夠處處愛人．沒有一個人不愛．處處敬人．沒有一個人不敬．使得世界上的人．個個平平安安．那就合了眾人的心了．也就合了聖人賢人的心了。也就可以說是代替聖人賢人．使得世界個個人平平安安了。

何謂成人之美。玉之在石．抵擲則瓦礫．追琢則圭璋。故凡見人行一善事．或其

人志可取而資可進。皆須誘掖而成就之。或爲之獎借。或爲之維持。或爲白其誣而分其謗。務使之成立而後已。

【註】抵擲、是亂抛亂丟的意思。礫、是石子。追字、要在左邊下角加一圈。意思就是雕刻．同琢字一樣的．都是把玉做好的名稱。圭、是古代賞賜臣子的一種瑞玉．上頭是尖的．下面是方的．公爵、侯爵、伯爵、見皇帝．雙手捧圭。皇帝也捧圭。不過圭的尺寸．大小不同。皇帝封諸侯．也用這種圭的。或是臣子有了大功勞．也有賜這種圭的。把圭切成兩半個．叫做璋。也是國家一種瑞玉．大概是祭祀起來用的。資、是資質。誘、是勸導。掖、是攙扶的意思。成就、是使得他成功。三個或爲的爲字．都要在右角上邊加一圈。獎借、是誇讚的意思。誣、是冤枉。〇瑞玉、是一種最好的玉。

【解】什麼叫做成人之美呢。玉、本來是石頭裏邊的．若是把一塊裏邊有玉的石頭．隨便亂抛亂丟．那末這塊有玉在裏邊的石頭．也不過同了瓦片碎石．一樣的不値錢了。若是把他好好的雕刻起來．琢磨起來．那末這一塊石頭就成了很貴重的圭璋了。石變成玉．又變成很貴重的圭璋．全在下細工夫．去雕刻琢磨。一個人也是這樣的．也全靠勸導提引．那就平常一個人．也就可以成一個很好的人了。所以看到旁人做一件善事．或是這個人的志向可以希望向上的．資質能夠上進的．都應該好好的引導他．攙扶他．使得他做成一個好人。或是誇讚他．激動他．扶持他．倘使有人寃枉他．就替他辨明白．有人說壞他．就替他分認一些壞話。譬如有一個某人．大家都說他怎樣怎樣的不好．你就應該說某人做這一件壞事．我也有分的．那末大家說某人的壞話．也就要說到你身上來了．某人就減輕些了．這就叫分謗。能夠替他分謗．就成全了他了。就使得他能夠做要成事情．並且也可以立得住脚。這纔可以算得盡了我的心。

大抵人各惡其非類。鄉人之善者少．不善者多。善人在俗．亦難自立。且豪傑錚錚．不甚修形迹．多易指摘。故善事常易敗．而善人常得謗。惟仁人長者．匡直而輔翼之．其功德最宏。

【註】大抵、就是大概的意思。非類、是不一樣。或是性情不一樣．或是主見不一樣．或是黨派不一樣。鄉人、是在一個鄉裏頭的人。錚錚、本來是五金一類．像鐵一樣的聲音．從前後漢時代光武皇帝稱讚劉盆子說他是鐵中錚錚．就是比平常人不相同的意思。指摘、是說長道短的意思。長者的長字．要在左邊上角加一圈．是性情忠厚道德高尚的前輩人。匡、本來是不正的．使得他正。輔、是幫助。翼、是保護的意思．像大鳥把翅膀來遮蓋保護小鳥一樣。宏、就是大。

【解】大概普通的人、有些人是善的、有些人是惡的、善的歸在善的一類、惡的歸在惡的一類、對那不同類的人、都不免要厭恨的、小人都是恨君子的、惡人都是恨善人的。在一個鄉裏頭的人、都是善的少、不善的多、不善的人、對那善的人、都是不滿意的。並且因爲不善的人多、善的人少、所以善人在這種世俗裏邊、常常被不善人的勢力所壓倒、不能夠立得住。並且豪傑的性情、是硬的直的、比平常人不同的、他們不很修飾外貌的。俗人的眼、又多見識不高的、看不明白豪傑的心是好的。只看他外貌、就說長道短、隨便批評了。所以做善事、常常容易失敗、善人常常被人說壞話。碰到這種事情、全靠仁人長者、看見不正的人、教導他使得他正。不直的人、教導他使得他直。看見善人、要幫助他保護他。這種樣子對待人的功德、實在是最大的。

何謂勸人爲善。生爲人類、孰無良心。世路役役、最易沒溺。凡與人相處、當方便提撕、開其迷惑。譬猶長夜大夢、而令之一覺。譬猶久陷煩惱、而拔之清涼、爲惠最溥。韓愈云、一時勸人以口、百世勸人以書。較之與人爲善、雖有形迹。然對證發藥。時有奇效、不可廢也。失言失人、當反吾智。

【註】執、是什麽人的意思。世路、就是世界上。役役、是忙忙碌碌的追求、不停歇的意思。沒溺、是沈落在水裏頭、就是墮落的意思。提撕、是提醒他、使得他覺悟。覺字、要在右邊上角加一圈。是夢醒的意思。溥、是周徧的意思、大的意思。韓愈、是姓韓、名愈、號叫退之。是河南省汝南府南陽縣人。在唐朝時代、做過吏部刑部兩部侍郎的。死後、又追封禮部尚書。並且還賜給一個文字、做他的諡法。後來的人、因爲他做的文章、好得了不得、大家敬重他、所以就稱他韓文公。證、就是病症。不可以同他說話的人、倒反用話去勸他、叫失言。可以同他說話的人、倒反不用話去勸他、叫失人。

【解】什麽叫做勸人爲善呢。凡是一個人、既經生在世界上、做了人、那一個人沒有良心的呢。只因爲世界上專門爲了名、爲了利、忙忙碌碌去追求、不肯停歇。只要有名利可以得到、就不管這件事情做得做不得、都去做了。那就最容易墮落了。所以同旁人往來、應該常常要留心看看這個人。若是看他要墮落了、就應該想種種的方法、去指點他、提醒他、開發他的糊塗昏亂。譬如在很長的夜裏頭、做了一個很大的夢、一定要叫喚他、使得他快醒轉來。譬如他長久的陷落在煩惱裏頭、一定要提拔他出來、使得他淸淸涼涼、安安逸逸。像把這種樣的恩惠待人、是最周徧、最廣大的。從前韓文公說道、用口來勸人、是在一個時候、並且是在一處地方的事情、過了、人家就忘記了、並且別處的人、也聽不到的。用書來勸人、是很長久的、可以傳到一百世、還在世界上的。並且可以傳到遠的地方、那怕千里、萬里、的遠。也可以傳得到的。所以做善書。是很好的。很有大功德的。上邊第一條所說的與人爲善。是完全用自己的身體來做榜樣。使得旁人天天看慣了。不知不覺的良心發現了。把向來的壞處。全都改好了。一些形式痕跡都沒有。這裏說用口來勸。用書來勸。雖然比較起來。像有了勸的形式痕跡。但是旁人有什麼壞處。就用什麼話、什麼書、去勸他。譬如一個人有了病。什麼病。就用什麼藥。對準了他的病症。發藥給他。醫常常有很奇怪的效驗的。所以同了上邊所說的與人爲善。都是很要緊的。兩樣都不可以廢掉的。並且勸人也要勸得的當的。譬如這個人的性情倔强的。不可以用說話來勸他的。你倒用話去勸了。不但是白白的勸。並且還恐怕越勸越不好哩。所說的話。也變成廢話了。這就叫失言。若是這個人的性情和順的。可以用話來勸他的。你倒不用話去勸了。是不識人。是錯過了可以勸人的機會。並且還錯過可以受勸的人了。這就叫失人。失言失人。都是自己的聰明不夠。分辨不出來。就應該自己反轉來責備自己的不聰明。因爲聰明人。既然不會失言。也不會失人的。

何謂救人危急。患難顚沛。人所時有。偶一遇之。當如痌瘝之在身。速爲解救。或以一言伸其屈抑。或以多方濟其顚連。崔子曰、惠不在大。赴人之急可也。蓋仁人之言哉。

【註】患、有怕有憂的意思。難字、要在右角上邊加一圈．意思是小的災．小的禍。患難兩個字併起來．就是急難的意思。顛、是傾家蕩產的意思。沛、是碰到亂離的時候．一家失散的意思。痌字、本來是瘡口穿破的意思。瘝、是週身痛苦的意思。痌瘝兩個字併在一起．也就是痛苦的意思。屈、是寃屈。抑、是硬壓。顛連、是接二連三碰到壞運氣。崔子的子字．是尊重的稱呼。像孔子、孟子、曾子、都稱子。但是只說崔字．不曉得究竟是什麼人．編書的人．不能夠說定。只曉得明朝有一位極有學問的人．姓崔、名銑、是河南省彰德府安陽縣人．在明孝宗皇帝弘治十八年中的進士．官做到南京的禮部右侍郎．他死後．皇帝賜他諡法叫文敏．或者就是這一位。但是這裏所說的、惠不在大．赴人之急兩句話．明史崔銑的傳裏頭．確是沒有．所以不敢決定．究竟是不是這一位。仁人、是厚道人．是有慈善心的人。

【解】什麼叫做救人危急呢。患難顛沛的事情．隨便什麼人．都是常常有的。倘使偶然碰到了這種人．應該要看他的痛苦．像在自己的身上一樣．趕快替他解救。他有什麼被人寃屈壓迫的事情．或是用話來替他伸辨明白．他接接連連碰到困苦的時候．或是用各種方法去救濟他。崔先生說道．恩惠不在乎怎樣的大．只要在旁人急的時候．趕快去救濟他．就是了。這句話．眞是仁人的話呀。

何謂興建大利。小而一鄉之內．大而一邑之中．凡有利益．最宜興建。或開渠導

水。或築隄防患。或修橋梁．以便行旅。或施茶飯．以濟飢渴。隨緣勸導．協力興修。勿避嫌疑．勿辭勞怨。

【註】一邑、就是一縣。渠、是水所聚的地方。築、就是造。梁、就是橋。旅、是出門去作客的人。協力、就是大家出大家的力．你幫我．我幫你．合起來做一件事。嫌疑、是說做一件事．旁人看起來好像是同你有什麽關係的．像你有什麽私心的。勞、是辛苦。怨、就是恨。

【解】什麽叫做興建大利呢。講小的、那末一個鄉裏頭。講大的、那末一個縣裏頭。凡是公共都有利益的事．最應該要興起來成立起來。或是開挖積水的地方．使得水多積些．預備天旱的時候．可以灌田。或是多雨的時候．水太多的地方．可以把水導引出去．勿讓水太多了．沖壞田地房屋。那些低的地方．容易受外邊的水灌進來的害處．那末就用泥土來造成一道堤．攔住外邊來的水。或是修理橋梁．使得出門做客的人．來去方便。或是施送茶飯．救濟肚餓的人．口乾的人。隨便碰到有機會的時候．就趁這個機會．去勸導大家。有錢的人出錢．沒有錢的人出力．大家把力量合起來．切切實實的做。不獨是口頭勸勸就算了．旁人說壞你．只要你淸淸白白．一些沒有私心．大家會知道的。不要避旁人說我壞話的嫌疑．就不去做．也不要怕做起來辛苦．也不要因爲我做事出了力．旁人妒忌我．怨恨我．我就推托不做．這都是使不得的。

何謂捨財作福．釋門萬行．以布施爲先。所謂布施者．只是捨之一字耳。達者內捨六根．外捨六塵。一切所有．無不捨者。苟非能然．先從財上布施。世人以衣食爲命．故財爲最重。吾從而捨之．內以破吾之慳．外以濟人之急。始而勉強．終則泰然。最可以蕩滌私情．袪除執吝。

【註】釋、是佛的姓．所以佛教就可以稱釋教．佛門也就可以稱釋門。萬行的行字．要在右角上加一圈．就是所做的事情。萬行、就是所做的種種善事。善事極多．所以把一個萬字來包括一切。布施、是拿出來施給人家的意思。照佛法講起來．大畧說說．布施有兩種。拿錢財、或是東西來捨施。叫財施．把佛法來勸化人．叫法施。像佛菩薩那樣的布施．眞是了不得的．自己身上的肉．只要旁人能夠得到益處．也肯割下來布施的。達、是通達。達者、就是明白道理的人。六根、是眼、耳、鼻、舌、身、意。意、就是念頭。六塵、是色、聲、香、味、觸、法六種。色、是眼所看得到的一切。聲、是耳所聽得到的一切。香、是鼻所嗅得到的一切。味、是舌所嘗得到的一切。觸、是凡皮肉所觸碰得到的．一切像軟的、硬的、乾的、溼的、冷的、暖的、等種種。法字、是在意思裏頭、所想得到的一切事情．一切東西．像喜歡的、討厭的、要的、不要的、好的、壞的、種種所轉

得到的胡思亂想。一個人的心地本來是清清淨淨的．就爲了有這六種塵．就把一個人的心．弄得胡思亂想．不清不淨．所以叫做塵。慳、是器量小．還有貪的意思在裏頭。泰然、是心上很安逸．一些沒有勉强的意思。祛、是除去的意思。執、是固執．不明白道理．把一切東西都執定了是我的．沒有旁人的分。吝、是器量小．有捨不得的意思。

【解】什麼叫做捨財作福呢。佛門裏頭萬種善行．獨有布施是第一要緊。說到布施．就只有一個捨字。什麼都捨得．就合了佛的意思了。明白道理的人．什麼都肯捨的。在身體裏頭的眼、耳、鼻、舌、身、意、六種．沒有一種不肯捨掉。譬如有人向佛菩薩要佛菩薩的眼．或是耳．或是鼻、舌、身．佛菩薩樣樣肯割下來施捨的。在身體外邊的色、聲、香、味、觸、法、六種．也沒有一種不肯捨掉的。一個人所有的一切．沒有一種不肯捨掉．那就清清淨淨．一些煩惱也沒有．同了佛菩薩就差不多了。若是不能夠什麼都捨去．那就先從錢財上著手布施起來。世界上的人．都是把穿衣吃飯．看重得像性命一樣。穿衣吃飯．都是要錢的．所以大家就把錢財看得最重。大家看得最重的錢財．吾偏偏把他捨去。要曉得一個人在一口氣沒有斷的時候．錢財還有用處。若是有一天．一口氣不來了．什麼都拿不去．要錢財做什麼。寃寃枉枉．積了好多錢給子孫．倒反使得子孫因爲有了錢．就種種的亂來．造成種種的孽。還不如趁我有一口氣的時候．施捨了．使得大眾得些益處．吾倒可以積好多的功德。並且捨錢財．向裏面講．可以破吾器量小的病．向外邊講．可以救濟旁人的急難．是多麽好的事呢。不過錢財確是不容易看破的．起初終不免有些勉强。只消捨慣了．也就不覺得什麽了。心上也安安逸逸．沒有什麽捨不得的意思了。這是最容易把心裏頭私的念頭洗除清淨。那種執定了錢是我有的．捨不得把錢給旁人的小器量．都可以完全醫好了。

何謂護持正法。法者、萬世生靈之眼目也。不有正法．何以參贊天地。何以裁成萬物。何以脫塵離縛。何以經世出世。故凡見聖賢廟貌．經書典籍．皆當敬重而修飭之。至於舉揚正法．上報佛恩．尤當勉勵。

【註】生靈之眼目一句．譬如在黑夜裏走路．前面有了一盞很亮的燈指導．就可以對著方向前進．不會走錯了。一個人有了眼目．走起路來．也就不會亂跑了。法、就像人的眼目一樣．指導人走正路的。上有天下有地．中間有人．古時候叫做三才。天、是化生萬物的．像到了春天．各種東西都會自然而然的生長了．又有雨、露、日光、等種種．還可以幫助東西生長起來。地、是長成萬物的．若是沒有地上的泥土．東西也不會長大起來的．所以不論什麽東西．都還是要靠地土來養成的。所以說天地有造化的功。有大德的人．能夠補天地的欠缺．叫做參贊。參、是加進去的意思。贊、是幫助的意思。才、本來是有能力、

有功用的意思。天地人三種．都是有能力、有功用的．一種也少不得的．所以叫做三才。世界上雖然有天、有地．但是一切事情．還少不得人的力量。有了人的力量加進去了．天地的功用．纔可以完全。不過人加進在天地中間．不可以亂加的。也要依照一定的方法加進去．纔可以有效驗有益處。若是沒有方法．隨便亂來．那就不但是沒有益處．恐怕種種的害處．都會做出來了。裁成、是做成功的意思。譬如燒飯吃．自然要加水進去．還要用火去燒．纔可以把米燒成飯。但是不可以燒得過分．過分了．米要焦的．不可以吃了．這是燒飯的法。燒飯尚且要有法．何況比燒飯大的事情．怎麼可以沒有法呢。萬物、是從人起．一切的東西事情．都包括在裏頭的。塵、就是前邊說過的六塵。縛、是我們這種凡夫．完全被六塵束縛住的。有了正法．纔可以離開那種種的束縛．纔可以脫離這種不潔淨的世界。經、本來是綳在織布機上的直線．叫做經線。穿在梭子上的線．叫做緯線。要有了經線．纔可以用梭子把緯線穿過去．織成功布。依了這經字原來的意思．推廣開來講．凡是把亂的東西去理清楚．都可以叫做經。聖人要世界上的人．都依照了道理做人．所以把那種萬世不會改變的常道．做成了書。叫世界上的人．都依照了書上所說的去做．這種書．也就叫經書。實在這個經字．同了法字差不多的意思。經世兩個字．就是把世界上一切亂得很的事情來理清楚。出世、是佛法裏頭的話．一個人生在這個世界上．是前生造了孽．所以投生做人。前生孽輕的．還有一些功德的．就投一個有福的人。前生孽雖然重．但是還不很重的人.就投一個苦的人。儘管都是投人身.不過總是有孽的。倘然一些孽也沒有.就不投人了.成羅漢、成菩薩、成佛了。成了羅漢、菩薩、佛.那就可以到各種只有樂處沒有苦處的世界去了。不會再投生到這個世界上來做人了.就脫離這個世界了.這就叫出世。但是前生孽很重的.那又投不到人身了。或是在地獄裏頭.或是做了餓鬼。比起來稍稍輕一些的.也只能夠投畜生了。典籍、也是書。飭、就是整理。舉、本來是擡起來的意思。宣揚佛法.用一個舉字.是敬重佛的意思.要把正法擡高起來宣傳的意思。上報佛恩.是尊重佛的意思.因爲佛是在人的上面.說上報、就是報上面的佛的恩。說到報佛恩的事.那就多得很哩。必須樣樣照佛法上所說的去做.纔可以夠得上說是報佛恩。現在姑且把最重大的最要緊的說兩件。一件是宣傳佛法.使得大家都懂佛法.都學佛法.大家都成佛。一件是要使得凡是有生命的.從人起.一直到一個很小的蟲蟻.都得到益處。能夠做到這兩件事.纔可以說是報佛恩哩。這裏的尤字.是更加的意思。勉勵、是起勁高興的意思。○化生、是變化了本來的形像.生成另外一種形像。像桃、杏、梅、李、等.都是一粒仁。變化成了樹.又從樹上開花結成菓子。又像蠶會變成功蛾.蛤會變成功雀.這都是叫化生。常道、凡是跳不出這種道理的.都應該依照這種道理去做的.不論在什麽時代.什麽地方.都永遠不會改變的道理.就叫常道。只有樂處沒有苦處的世界.若是要曉得詳細情形.這種世界在什麽地方.怎麽樣可以去.只消請一本初機淨業指南.或是阿彌陀經白話解釋.看了都可以明白了。

【解】什麼叫做護持正法呢。法是千世、萬世、萬萬世有生命的、有靈性的眼目。有了法、譬如有生命的、有靈性的、有了眼目一樣。不會像瞎眼人騎了瞎眼馬那樣的亂奔亂跑闖出禍來。但是法有正的邪的、正法不可以不有不有正法、怎樣可以參贊天地造化的功呢。怎樣會使得各式各樣的人、種種的東西、都能夠像裁布做衣服那樣的叫他成功呢。怎樣可以脫出那種種的迷惑、離開種種的束縛呢。怎樣可以整理世界上一切事情。怎樣可以逃出這汚穢的世界、生了又死、死了又生的苦呢。這都靠著有了正法、纔像有了路、可以走得通。所以凡是看見聖人賢人的寺廟圖像古代的經書同了各種傳下來的書籍、都應該要敬重的。有破碎的、不齊整潔淨的都應該要修補修補整理整理。因爲聖人賢人、經書典籍、都可以做我們的法的、所以都應該要敬重的。講到正法、那就專門指定佛法說的、應該把他擡高起來宣傳開來、纔可以上報佛的恩德、那是更加要起勁高興去做的。

何謂敬重尊長。家之父兄、國之君長、與凡年高、德高、位高、識高者、皆當加意奉事。在家而奉侍父母、使深愛婉容、柔聲下氣、習以成性、便是和氣格天之本。出而事君、行一事、毋謂君不知而自恣也。刑一人、毋謂君不知而作威也。事君如天。古人格論。此等處最關陰德。試看忠孝之家．子孫未有不緜遠而昌盛者、切須愼之。

【註】君、是一國的主。或稱帝．或稱皇帝．或稱王．都是君。各個朝代．各不相同的。加意、是格外的小心。愛字上加一個深字．是愛到極的意思。習字、是習慣的意思。婉容、是和順的面貌。自恣、是自己驕傲放肆的意思。格論的格字．本來是格式的意思。格論、是這樣的議論．可以當做一種榜樣．大家應該照這話去做的意思。緜字、是長久不斷絕的意思。昌、是發達的意思。

【解】什麼叫做敬重尊長呢。家裏頭的父親．或是兄．國裏頭的皇帝．或是長官．同了凡是年歲、道德、職位、見識高的人．都應該要格外小心．去奉承他們．服侍他們。在家裏頭奉承服侍父母．要有極愛父母的心．還要有極和順的面貌。聲要和．氣要平。起初要處處留心．後來慣了．就變成了自然的好性情了。這就是和氣可以感動天心的根本辦法。出家門到外邊去伺候君王．那就不論什麼事．都應該要依照國家所定的法去做。不可以算君王不知道的．就自己放肆亂做了。辦一個犯罪的人．不論用輕的刑．重的刑．都要心平氣和的審問明白．纔可以定刑的輕重。不可以算君王不知道的．就用威勢來寃枉人。服侍君王．像服侍天一樣的．全在存一個恭敬的心．這是古時代人說的模範話．應該要照這種話去做的。這種地方.關係陰德最大。你們試看看.忠孝的人家.他們的子孫.沒有不發達得很長久.並且很興旺的.所以一定要謹謹慎慎注意的。○模範、是好格式好榜樣的意思。

何謂愛惜物命。凡人之所以爲人者.惟此惻隱之心而已。求仁者求此.積德者積此周禮、孟春之月.犧牲毋用牝。孟子謂君子遠庖廚、所以全吾惻隱之心也。故前輩有四不食之戒.謂聞殺不食.見殺不食。自養者不食.專爲我殺者不食。學者未能斷肉.且當從此戒之。

【註】惻字、是哀傷得很切的意思。隱字、是悲痛得很深的意思。惻隱心、就是慈悲心.就是軟心腸.俗話叫過意不去。求仁兩個字.照世界上的聖人講起來.是愛人的心。要做成聖人賢人.就在把這個愛人的心.推廣開來。那就要做聖人就做到聖人。要做賢人就做到賢人。若是照佛法講起來.就是慈悲心。要修成佛菩薩.也只要把這個慈悲心.推廣開來。那就要成菩薩就成菩薩。要成佛就成佛。周禮、是一部古書的名目。周朝第一代的王.是武王。武王死了.兒子成王登王位。因爲成王年紀太小.他的叔父周公.做宰相.代替成王辦應該辦的一切事情。周公就定出什麽官做什麽事的種種制度來。這部書.就叫周禮。後來各個朝代所有國裏頭的一切制度.大半就依照這部周禮.修改修改.就定了各朝的

制度。孟春、是正月。牛、羊、猪、叫牲。毛色全白的．叫犧。犧牲、都是祭品。牝、是母的．就是雌的。食、就是吃。聞、就是聽到。學者、就是說後輩的人．

【解】什麼叫做愛惜物命呢。一個人所以能夠算他是人．就是這一片惻隱的心罷了。所以孟夫子說過的．沒有惻隱心的．就不是人。求仁的．就是求這一片惻隱的心。積德的．也就是積這一片惻隱的心。有惻隱心．就是仁。有惻隱心．就是德。沒有惻隱心．就是沒有仁。沒有惻隱心．就是沒有德。周禮上說的．正月的時候．正是各種東西生長的機會。畜生也在這個時候．容易得胎。所以正月裏祭祀．應該用的祭品．勿用母的．因爲防他們肚裏有胎的緣故。孟夫子說．君子人都有惻隱心的．聽到了殺畜生的聲音．覺得過意不去．所以不肯住在近廚房的地方．一定要離得遠．就是要保全自己的惻隱心。所以前輩有四種肉不吃的禁戒．譬如說．一隻雞．或是一隻猪．聽到了殺他的聲音的．不吃。或是殺的時候看見的．不吃。或是自己養大的．不吃。或是專門爲了我殺的東西．不吃。這四種都是觸動自己的惻隱心的．都過意不去吃他們的．所以都不吃。後輩的人．若是要學前輩的仁心慈心．一時間做不到斷絕肉類．完全不吃．也應該依照前輩的辦法．禁戒少吃。照佛法講起來．一切有生命的東西．都因爲前生造了孽．所以投做畜生的。他們的孽償完了．仍舊可以投生做人的。做了人．若是發現出本來有的善性．修起來．也仍舊可以修成佛的。那末我今天所吃的肉．難保不就是吃了將來佛的肉。並且現在的畜生．在前一世．前十世．前百千萬萬世．他們也一定做過人的。那就難保他們沒有做過我前生、前前生的父母、妻子、親族、朋友。我今天所吃的肉．難保不就是吃我前生、前前生的父母、妻子、親族、朋友的肉了。還有一層．今天我做人．他做畜生．我吃他．我就造了殺生的孽．同他結下了殺他性命的仇。倘然到了下一世．下十世．百世．千千萬萬世．被我吃的畜生．他的孽倒償清了。投生做人了。我倒因爲殺生造了孽．投做畜生了．恐怕也要報復我殺過他的仇．他來殺我吃我了。這樣說起來．你們仔細想想看．還要殺生麼．肉還吃得下去麼。況且吃肉．就算味道好．也不過經過口裏到喉嚨那一段的時候．還覺得有味。等到咽了下去．還有什麼味道．還同了素菜有什麼兩樣．爲什麼一定要殺生造孽呢。

漸漸增進．慈心愈長。不特殺生當戒．蠢動含靈．皆爲物命。求絲煑繭．鋤地殺蟲。念衣食之由來．皆殺彼以自活。故暴殄之孽．當與殺生等。至於手所誤傷．足所誤踐者．不知其幾．皆當委曲防之。古詩云．愛鼠常留飯．憐蛾不點燈．何其仁也。

【註】增、就是加。蠢動、是蠢笨的．但是也會動的。含靈、是含有靈性的。這兩種都是有生命的小東西．不過一種是蠢的．一種是靈的。煑、就是燒。抽蠶繭的絲．一定要把繭放在水裏頭．把水燒滾．絲纔能夠抽得出。鋤、就是掘。暴殄、是蹧蹋東西．也有罪孽的。等、是一樣的意思。有的時候．雖然沒有殺活東西的心．

但是因爲不小心．傷害他的．叫誤傷。脚不小心踏傷的．叫誤踐。誤、本來是錯誤的意思。踐、就是踏。

【解】就是一時間做不到不吃肉．也應該漸漸的進步上去．一天少吃一天．直減到完全不吃。慈悲心一天長起一天．不但是殺生應該禁戒．就是極小的那些活的東西．不講蠢的靈的．凡是有生命的．都應該要禁止傷他們性命的。像因爲要絲來做衣服．就把蠶繭放在水裏頭燒．你想用絲來織成一件綢衣服．要傷害多少蠶的性命．爲什麽不就穿穿布衣服呢。掘地種田．要殺害地下多少的蟲．你想吃一頓飯．要費掉種田人多少的汗血．傷害泥裏頭多少的生命．還可以不愛惜米麽。想我們穿的衣．吃的飯．從那裏來的呢。都是殺他們的命．來養活我自己的．所以不愛惜東西的孽．實在也應該同了殺生一樣。若是講到沒有殺生的心．有的時候．手一不小心．誤傷了生命．脚一不小心．誤踏了生命．更加不曉得有多少哩。都應該要想種種方法來防備的。古時候有一首詩．裏頭有兩句．說是愛鼠常留飯．憐蛾不點燈。也就是恐怕老鼠餓死．所以爲了老鼠．常常留一些飯．給老鼠吃。哀憐燈蛾撲到燈上邊燙死．所以連燈也不點。也有說是爲鼠盤留飯．憐蛾紗罩燈。用紗來罩在燈上．燈蛾撲不近燈火．就不會燙死了。這種話．多麽的仁厚慈悲呀。

善行無窮。不能殫述。由此十事而推廣之。則萬德可備矣。

【註】殫字、是詳細完全的意思。

【解】善的事情無窮無盡．多得很哩．那裏能够說得完呢。只要從上邊所說的十件事．把他推廣開去．那就千千萬萬的功德都全備了。

謙德之效

上邊第三篇說的．都是積善的方法。能够積善．自然是最好的。但是做一個人．不能够不同社會上各種人來往。做人的方法．就不能够不講究。不過方法多得很．那最好的．就是這個謙虛了。謙虛是做人最要緊的一件事．一個人能够謙虛．就一定不會做壞人壞事的．一定不會做惡人惡事的。在社會上一定不會同人家爭論吵鬧的。曉得謙虛了．就自己會覺得比不上旁人的地方多得很．自然會想方法求進步了。不但是學問要求進步．做人做事．交朋友等等．沒有一樣不想求進步了。所有種種的好處．都在這謙虛上得來的．所以叫做謙德。這末後一篇．就專門講謙虛的好處．謙虛的效驗。並且因爲第一篇是講立命的．是爲了功名講起的．所以這末後一篇也就結束到功名上去．結束到立命上去。讀這一本書的人．要細細的研究．像吃東西辨味道那樣的．不可以囫圇吞下去．那就可以得到很大的益處了。

易曰、天道虧盈而益謙。地道變盈而流謙。鬼神害盈而福謙。人道惡盈而好謙。是故謙之一卦．六爻皆吉。書曰、滿招損．謙受益。予屢同諸公應試．每見寒士將達．必有一段謙光可掬。

【註】虧、是吃虧損失的意思。盈字、含有自滿、同驕傲的意思、在裏面哩。變、是變動。流、是聚攏來歸在一處．同了滋潤不枯的兩種意思。謙、是六十四卦裏頭的一卦．是八卦裏頭的坤艮兩卦叠成功的。上半是坤卦下半是艮卦．坤是地．艮是山．前邊已經講到過的。所以叫地山謙的道理．因爲山是高的．地是低的．現在山倒在地的下面．是謙虛的形象。在六十四卦裏頭．別的卦都是有凶有吉的．獨有這個謙卦．完全是吉的．沒有凶的．這就見得謙德的重大吉利了。達、就是發達。謙光、是謙虛的人．心裏頭的志氣、越和平．面貌上的光彩、越充滿。

【解】易經謙卦上說．天的道理．不論什麽．凡是驕傲自滿的．就要使得他受到虧損．謙虛的．要使得他得到益處。地的道理．不論什麽．凡是驕傲自滿的．也就要使得他改變．不能夠讓他常常滿足．譬如山太高了．有時要坍倒．謙虛的．要使得他滋潤不枯．意思就是使得他不苦．譬如低的地方．流水經過．必定會充滿他的缺陷。鬼神的道理．凡是驕傲自滿的．就要使得他受害．謙虛的．要使得他受福。人的道理都是恨驕傲自滿的人喜歡謙虛的人。這樣看起來天、地、鬼、神、人都是看重謙虛一邊的。易經上六十四卦所講的都是說明白天地陰陽變化的道理教人做人的方法。所有解釋各個卦的文裏頭或是凶險話或是吉祥話都有的。說凶險的話是警戒人的意思。說吉祥的話是勸勉人的意思。所有的卦都是有凶有吉的。獨有這個謙卦那就都是吉祥的話沒有凶險的話可見得謙虛是只有好沒有不好的了。書經上也說自滿就要招著損害的自謙就會受到益處的。照易經、書經上所說的話看起來這謙虛實在是最好的事情了。我好幾次同了許多人去投考每次都見到貧寒的讀書人快要發達考中的一定面上有一段光彩發出來心上越是謙虛面上的光彩越是滿足。這種光彩差不多兩只手可以捧得住的。

辛未計偕我嘉善同袍凡十人。惟丁敬宇賓年最少極其謙虛。予告費錦坡曰此兄今年必第。費曰、何以見之。予曰、惟謙受福。兄看十人中有恂恂款款不敢先人。如敬宇者乎。有恭敬順承小心謙畏如敬宇者乎。有受侮不答聞謗不辯如敬宇者乎。人能如此即天地鬼神猶將佑之豈有不發者。及開榜丁果中式。

【註】計偕的計字本來是計算的意思就是能夠計算帳冊。偕字、本來是一同的意思。從前漢武帝元

興五年時候下一道命令、要在百姓裏頭、招明白時務的人、叫他們跟了各地方送帳目簿冊的人、一同都到京城裏去。武帝的命令裏頭有一句叫令與計偕。因爲各地方送簿冊的人、到京城去經過各縣地方、都要縣官供給他們。現在叫招到的那些明白時務的人、同了送帳冊的人一同來、意思就是叫縣官一同供給。後來舉人到京城去考會試、就用這個典故、叫計偕。嘉善、是縣名、歸浙江省嘉興府管的。同袍兩個字、本來是合穿一件袍、意思是有關切的人、大家在一起的人。必第、是一定及第、就是一定登科。恂、是有信用誠實。欵欵、是樸實厚道。順受、是隨便怎樣對待他、他都能夠順了旁人接受下來、不同人家計較。這裏的畏字、是當做恭敬解釋的、恭恭敬敬、一些不敢放肆、像是見了人有怕的樣子。侮字、是把旁人開玩笑的意思。佑字、是保佑的意思。

【解】辛未年到京去會試、我同鄉嘉善人一同去會試的、有十個人。只有姓丁、名賓、號敬宇的這一位年紀最輕的人、倒是極謙虛的。我告訴同去會試的費錦坡道、這一位老兄、今年一定考中的。費錦坡問我道、怎樣見得他一定會考中。我說道、只有能夠謙虛的人、可以受到福、老兄看我們來同考的十個人裏頭、有信用誠實、樸實厚道、一切事情、不敢搶在旁人前面、佔旁人面子、像敬宇的麽。有恭恭敬敬、一切多肯順受、小心謹愼、謙虛恭敬、像敬宇的麽。有受人家開玩笑、不去報復、聽到人家說我壞話、不去爭辯、像敬宇的麽。一個人能夠做到這樣、就是天地鬼神、也都要保佑他哩、豈有不發達的道理。

等到考的榜發出來、丁敬宇果然考中了。

丁丑在京、與馮開之同處、見其虛己斂容、大變其幼年之習、李霽巖直諒益友、時面攻其非、但見其平懷順受、未常有一言相報、予告之曰、福有福始、禍有禍先、此心果謙、天必相之、兄今年決第矣、已而果然。

【註】馮開之、名夢禎、浙江省嘉興府秀水縣人、明朝神宗皇帝萬歷年間、考中會試第一名會元、又點翰林官、做到翰林院編修、學問極好的、志氣很高的。同處、是同住在一處。斂容、是面上快活、動氣、種種的形狀、一切都收起不露出來、常常很和順謙虛的。這裏的習字、是習氣的意思。孔夫子說的有益的朋友有三種。一種是很直的、一種是諒、就是誠實有信用的、一種是見識很多的。面攻、是當面攻擊責備他的錯處。懷、就是心。天必相之的相字、要在右角上邊加一圈、是幫助的意思。

【解】丁丑年在京裏頭、同了馮開之住在一處、看到他自己總是虛心的、不敢自己認做是的、面上也不露出一些驕傲的樣子來、比了他年紀小時候的那種習氣、大大的改變了。他有一位又直又誠實的朋友、姓李、名叫霽巖、常常見到他有些錯處、就指點出他的錯處來、當面責備他。只看到他平心靜氣和和順順、受朋友的責備、從來沒有一句話來報復的。我告訴他道、一個人有福、一定有福的根苗。有禍也一定有禍的預兆。只要這個心能夠謙虛．天一定幫助他的．老兄今年一定登科及第的．後來果眞考中了。

趙裕峯、光遠．山東冠縣人．童年舉於鄉．久不第。其父爲嘉善三尹．隨之任。慕錢明吾而執文見之．明吾悉抹其文．趙不惟不怒．且心服而速改焉。明年．遂登第。

【註】三尹、就是主簿．是從前縣裏頭的一種官。一個縣裏頭．最大的是縣官．就是知縣．可以稱做大尹。第二等的．是縣丞．可以稱做二尹．第三等的．是主簿．就稱做三尹．也可以稱少尹。舉於鄉、就是鄉試考中了舉人。抹、是塗掉的意思。

【解】趙裕峯、名光遠．是山東省東昌府冠縣人．不滿二十歲的時候．就考中了舉人。後來又考會試．但是考了長久．終考不到科甲。他的父親做嘉善縣的主簿．裕峯跟了他的父親．一同到任上去。嘉善有一位學問很好的讀書人．姓錢、號叫明吾．裕峯因爲羡慕這位先生的學問好．就拿了自己做的文章去見他．那裏曉得這位錢先生．竟然拿起筆來．把裕峯做的文章．完全塗掉了。在平常的人．一定要發火了．這位趙先生．不但是不發火．並且心上很佩服錢先生。自己把自己所做的文章．做得不對的地方．趕緊改了。這樣的肯虛心用功．實在是少有的．當然應該發達的。果然到了明年．裕峯就登第了。

壬辰歲、予入覲．晤夏建所。見其人氣虛意下．謙光逼人。歸而告友人曰．凡天將發斯人也．未發其福．先發其慧。此慧一發．則浮者自實．肆者自斂。建所溫良若此天啟之矣。及開榜．果中式

【註】覲、就是見的意思．見皇帝或是見國王．叫覲。入覲、是進京見皇帝．不是最高級的大官見皇帝．一定要大官帶領了去見的．所以也有叫引見的。晤、是碰到的意思。氣虛意下．是不像驕傲的人．昂起了頭．有自己覺得了不得的神氣。逼人、就是逼近了人的意思。溫、是和平厚道的意思。

【解】壬辰年我進京去見皇帝．見到一位姓夏、號建所的．看到他一些沒有驕傲的神氣．意思是很謙虛的．他那種謙虛的光彩．滿足得很．像逼近了人的那種樣子。吾回來告訴朋友說．凡是天要使得這個人發達．沒有發他福的時候．一定先發他的智慧。這種智慧一發．那就浮滑的人自然會變成誠實的人了。放肆的人．自然也會把他的放肆收縮起來了。建所這個人溫和善良．到這種地步．是已經發了智慧的天．一定要發他的福了。等到開出榜來．建所果然中了。

江陰張畏巖．積學工文．有聲藝林。甲午、南京鄉試．寓一寺中．揭曉無名．大罵試

官。以爲瞇目。時有一道者。在旁微笑。張遽移怒道者。道者曰、相公文必不佳。張益怒曰。汝不見我文。烏知不佳。道者曰、聞作文貴心氣和平。今聽公罵詈。不平甚矣。文安得工。張不覺屈服。因就而請敎焉。

【註】江陰、是縣名。是江蘇省常州府所管的。積學、是學問積得很深。工文、是文章做得很有工夫。就是很好。藝、是文藝。就是文學。林本來是樹很多的地方。叫林。也就是聚在一起的意思。藝林、就是許多讀書有學問的人聚集的地方。寓、就是住。客人暫時寄住的地方叫寓。揭、是開的意思。曉、是曉示大眾。就是給大眾曉得。瞇、是眼光糊塗。看不淸楚。微笑、不是大笑。遽、是急的意思。相公的相字。要在右角上邊加一圈。是考試人的普通稱呼。益字、是更加的意思。這裏的屈字、是認輸了。不爭論了。服了的意思。

【解】江陰有一位姓張名叫畏巖的讀書人。學問積得很深的。文章做得很好的。在許多讀書人裏頭。很有名聲的。甲午年南京鄉試。借住在一處寺院裏頭。考試的榜出來。他考不中。榜上沒有他的名字。他不認自己的文章不好。倒反大罵考試的官。眼睛不淸楚。看不出他的文章好。那個時候。有一個道士在他的旁邊。微微的笑。張畏巖就把他發的火。移到道士的身上去了。道士說道、你的文章。一定不好。張聽了道士這一句話。更加發火道、你沒有看到我的文章。怎麼知道我的文章不好。道士道、吾常常聽到人說，做文章最要緊的，是心平氣和。現在聽到你罵考試的官，你的心不平極了，氣不和極了，你的文章，怎麼會好呢。張聽了道士的話，倒不知不覺的屈服了，就回轉來請道士指教他。

道者曰、中全要命。命不該中，文雖工，無益也。須自己做個轉變。張曰、既是命，如何轉變。道者曰、造命者天。立命者我。力行善事，廣積陰德，何福不可求哉。張曰、我貧士，何能為。道者曰、善事陰功，皆由心造。常存此心，功德無量。且如謙虛一節，並不費錢，你如何不自反而罵試官乎。

【註】士、是讀書人。

【解】道士道要考中功名，全要靠命的。命裏頭不應該中，文章雖然好，沒有益處的，還是不會中的。一定要你自己改變改變。張問道你既然說是命，怎樣可以改變呢。道士道造命的權，雖然在天。立命的權，還是在我。只要你肯盡力去做善事，多積陰德，什麼福不可以求得呢。張說道，我是一個窮讀書人，能夠做什麼呢。道士道行善事積陰功，都是從這個心做出來的。只要常常存做善事、積陰功的心，功德就無量無邊的大了。就像謙虛這一件事，只要自己肯謙虛，又不要費錢，有什麼做不到呢。你怎麼不反轉來，自己責備自己的工夫太淺，不能夠謙虛，倒反要罵考試的官呢。

張由此折節自持．善日加修．德日加厚。丁酉、夢至一高房．得試錄一册．中多缺行。問旁人曰、此今科試祿。問、何多缺名．曰、科第陰間三年一考較．須積德無咎者．方有名。如前所缺．皆係舊該中式．因新有薄行而去之者也。後指一行云．汝三年來．持身頗慎．或當補此．幸自愛。是科果中一百五名。

【註】節、就是志向．是不肯做丟臉的事情的志向。張的志向．雖然也是高的．不過走錯了路．就一味的驕傲了。折節、是壓低他向來高傲的志向．走到正路上去。自持、是自己把住自己．不走到錯路上去。錄字、是已經考取的意思。試錄、是考試人已經錄取了的名冊。缺行、一行兩個行字．都要在左邊下角加一圈。意思就是一行一行的字。今科、就是今年的一科。因爲考一次．叫考一科。所以今年的考試．就可以叫今科。薄行的行字．要在右邊上角加一圈．意思是做了輕薄的事情．就是有罪過的事情。持身、是守住自己的身體．同自持差不多的意思。

【解】張聽了道士的話．從此就壓低了向來驕傲的志向．自己很留意把住自己．勿放自己走錯了路。善天天加功夫去修．德天天加功夫去積。到了丁酉那一年．他做夢到一處很高的房屋裏面去．看到考試人已經錄取的名册一本。裏頭一行一行都有缺少的．不寫滿的。張不懂．就問旁邊的人．這是什麼冊子。旁邊的人道．這是今年考試人已經考取的名冊。張問爲什麼名冊裏頭．缺了許多名字。旁邊的人道．陰司裏對待那些考試的人．每三年查考一次。一定要積德的．沒有過失的．這一本冊子裏．方纔可以有姓名。有了姓名．纔可以考得中。像冊子前面所缺少的姓名．在早先的時候．本來都應該考中的。因爲他們新近犯了有罪過的事情．所以把他們的姓名去掉的。這旁邊的人．到後來又指點一行道．你近三年來．自己留心把住自己．勿放自己犯一些罪過．謹愼得很．或者應該補這一個空缺了。希望你自己愛自己．不要做出犯罪過的事情來。果然張就在這一科裏頭中了一百零五名的舉人。

由此觀之．舉頭三尺．決有神明。趨吉避凶．斷然由我。須使我存心制行．毫不得罪於天地鬼神．而虛心屈己．使天地鬼神．時時憐我．方有受福之基．彼氣盈者．必非遠器．縱發亦無受用。稍有識見之士．必不忍自狹其量．而自拒其福也．況謙則受教有地．而取善無窮．尤修業者所必不可少者也。

【註】制字、是約束的意思。屈己、是自己肯遷就不驕傲的意思。器本來是器具．這裏譬喻人的度量．人的度量有大小．譬喻器具一樣的也有大小。拒、是推開不要。

【解】從上邊所說的、各種實在的事情看起來．擡起頭來．只要三尺高．就決定有神明在那裏監察的。

吉祥的事情．可以走上前去的。凶險的事情．應該要避開來的。這是決得定可以由得我自己的。只要我存好心．約束住一切不善的行動．一些不得罪天地鬼神。還要虛心．還要自己肯遷就不驕傲．使得天地鬼神．時時哀憐我．纔可以有受福的根基。那些充滿了驕傲神氣的人．一定不是遠大的器量。就算能夠發達．也不長久的．享受不到福的。稍稍有些見識的人．一定不肯自己使得自己的度量．狹窄得很．自己拒絕自己可以得到的福。況且謙虛的人．旁人還肯教導他．他還有地方可以受到教導。若是不謙虛的人．那個肯去教導他呢。並且謙虛的人．肯學旁人的好處。旁人有善的行動．就去學他。那就得到的善行．沒有窮盡了。這都是用功學業的人．一定不可少的．一定要曉得要學樣的。

古語云、有志於功名者．必得功名。有志於富貴者．必得富貴。人之有志．如樹之有根。立定此志．須念念謙虛．　塵方便．自然感動天地．而造福由我。今之求登科第者．初未嘗有眞志．不過一時意興耳。興到則求．興闌則止。孟子曰、王之好樂甚．齊其庶幾乎。予於科名亦然。

【註】塵塵、是極小極小．像灰塵一樣小的意思。興字、要在右角上邊加一圈．是高興興致的意思。闌、是退了完了的意思。庶幾、本來是差不多的意思。齊其庶幾．就是說齊國就差不多可以好了．國運可以

興旺了。

【解】古時候有幾句老話頭說．有心要求功名的．一定可以得到功名。有心要求富貴的．一定可以得到富貴。像樹的有根一樣．有了根．就會生出枒枝花葉來了。人立定了志向．也就會得到功名富貴了。人要立定什麼志向呢．要立定轉到的一個個念頭．都是謙虛的。碰到極小極小．像灰塵一樣的小事情．也都要使得旁人方便．能夠做到這樣．自然會感動天地了。要曉得造福全在我自己．自己眞心要造．就造成了。像現在那些求發科甲的人．那裏有什麼眞實的心．不過一時的興致罷了。興致來了．就去求了．興致退了．就停止了．不去求了．這那裏會求得成呢。孟夫子對齊宣王說道．王喜歡音樂．若是眞心能夠喜歡呢．那末齊國的國運．就可以興旺了。但是王的喜歡音樂．不過是一種自己尋快樂的心罷了．若是能夠把一個人尋快樂的心．推廣開來．使得齊國的百姓．大家都快樂．國王能夠同了百姓大家都快樂．那就百姓沒有一個不歸附國王的了。百姓都歸附了國王．齊國的國運．還有不興旺的麼。我看求科名．也是這樣的．也要把求科名的心．切實的立定起來．把做善事的度量．一天一天加多加大起來．盡心盡力的去做．那福就沒有不能夠由我自己造的了。命數也就不能夠拘束住我了。

了凡四訓白話解釋終

跋

我把這一本了凡先生教訓兒子的四篇大文章．翻譯做白話完功了．我覺得實在好得了不得．因爲勸人爲善的書．大概是有兩種．一種是講佛法的．一種是不講佛法的。我覺得佛法是全地球上最好的一種正法．大家都應該要曉得些的。並且佛法的道理．比了隨便什麼法的道理都好．都來得講得徹底。這本書雖然不是講佛法的書．但是常常有說到佛法的地方。信佛的人看了．覺得常常有講到佛法的話．可以借這本書．勸人相信佛法．一定高興得很．這是一種好處．別種書所少有的。還有一層信善事的人．不都是信佛法的。你一定要叫他們看佛法的書．就不高興了。這本書雖然也講到一些佛法．但是究竟不是專門講佛法的書．所以不信佛法的人．也一定喜歡看的。第一個勸我把這本了凡四訓．改做白話文的人．就是不信佛法的人．但是他很喜歡這本書的。可見得這本書．不信佛法的人也都喜歡看的。那就可以希望不信佛法的人．趁在看這本書的機會．或者動了他信佛法的心．也說不定的．這不是就可以引不信佛法的人也信佛法了麼．這又是一種好處。我從前也把這本書看過幾次．說出來自己覺得慚愧．因爲粗得很．看的時候．不能夠把心用進去．所以雖然覺得這本書好．還沒有覺得好到極頂。現在要把文理翻譯白話．那就個個字要解釋淸楚．一個字都不能夠放過了．再不能夠不一個字一個字的留意細辨了。更加覺得這本書。萬萬不可以不看。並且萬萬不可以不細細的看看。看的時候．應該像雕刻木頭那樣．要刻進去三分深．那就得益一定很多的。望看這本書的人．聽我的勸．那末我就心滿意足了。但是又有一層．關係很要緊的．我不能夠不說明白的。天底下的文字．當然要算我中國的文字最好．巧妙精深的地方．不是話能夠說得盡的。近來流行了一種白話文．原來極好極好的文字．就一天衰敗一天．中國人看到了中國文字．像看了外國文字一樣的不懂．實在使得人痛心。從前波蘭國的滅亡．先滅亡他的文字．現在我國人自己把自己最可寶貴的文字．拋棄了不用。另外用這種粗俗的白話文．豈不是自己要滅亡自己麽。我向來最反對白話文的．所以我所辦的學堂裏頭．那怕初等小學生．也教他們文理。完全不用白話．這就是要保全我國的文字．不放他衰敗下去的意思。我既然是反對白話文的．爲什麽這一本了凡四訓．又要改做白話呢．這是我要勸化許多不懂文理的人的、一種苦心。我爲了要勸人信佛法．用白話做成一本書．叫初機淨業指南。後來又把阿彌陀經．用白話來解釋。這兩本書印出來了．看佛書的人．向來因爲都是文理很深．不能夠懂的．都可以懂了。幾年來各處翻印這兩本書的．恐怕總有數十萬本。看了這兩種書．就信佛的也多得很。這一次要我把這本了凡四訓．改做白話的人．向我說道、他先印了許多了凡四訓．送人．人家看了．都曉得這本書的好。但是不懂的地方太多了．看起來沒有趣味．沒有興會。要我照初機淨業指南．阿彌陀經那樣的改成白話．看起來容易懂了．看的人就可以多了．就可以使得人心壞的變成好風俗薄的變成厚．這種關係是很大的．比了保全文字的關係．像應該一樣看重的．所以我是放棄了我向來反對白話的主見．又把這本了凡四訓．改做了白話了。並不是我忽然反對忽然贊成．還要請看的人原諒我。

黃智海識

跋二

香港佛經流通處．要我校訂黃涵老白話解釋的各種佛書．翻印流通．我已把阿彌陀經、心經、觀無量壽佛經、和普賢行願品、四種．陸續校好。近來又接到流通處的來信．說有同修淨友要印了凡四訓白話解釋．委託他們辦理．要我繼續校勘。這是一樁利益有情的事．我當然樂於接受的。這本書我從前看過好幾徧。蔣竹老看了說這部書好得了不得。黃涵老翻譯白話完功了．又說這部書實在好得了不得。我這次因爲校勘．又仔細地看了一徧．也覺得眞是好得了不得。怎樣好呢。我要很簡單地說幾句．作爲這本書的補跋。書裏所說了凡先生四訓第一訓．是立命的學問。在各種書本上．我看到命運和定數的說法．在古代的希臘．和中國早就有了。後來又有自由論者和定命論．相互辯難．喋喋不休。而了凡先生引用親身的實際經歷來．肯定宿命定命是有的．但人定勝天．我們可以很自由地把命改變．命是不能夠束縛我們的。這說明了定中有自由．自由中還是有定。如果要自由地改變命運．那必須要自己努力了。這是他關於倫理哲學方面所提供的一條原則。是值得研究的。第二訓是告訴我們怎樣去發心改過。要在什麽方法上去改。說了三種應該發的心．三種應該取的法。講得非常透徹。並且提出了春秋時代蘧伯玉改過的積極精神．作了一個典型的例子．希望能夠向他學習。這些在倫理學上有着重要的意義．倘使我們能夠照他指示的三種心三種法去實踐．一定能夠得到很好效果的．第三訓是說積善的方法。善是爲人民大衆謀利益．不單爲自己打算。所以善是人人所喜．不善是人人所惡。要大家得到好的結果．就必須要積善。他不但提出當時的許多事實作證．並且還把善作了精密的分析。在我所看過的倫理學和哲學中．從沒有能夠把善分析得這樣精細而淸楚的。這是對倫理學很大的貢獻。第四訓是講謙虛的效驗。也提出了事實作爲證明。同時說明了有謙德才有進步。驕慢的、自高自大的．必然要失敗。還有一點．我要指出的．就是了凡先生在他的四訓中．引來作證明的．大都是關於科舉方面的事實。這是因爲明朝還在封建時代．當時的讀書人．對於考試．是很重視的。而且在考試上最容易體驗出積善的功效。有些人看到了．或則以爲古舊。但我們應該了解．這是史的事蹟．事實總是事實．新事實和舊事實是沒有二樣的。又這本了凡四訓．雖不是專講佛法的書．但除了發明處世的道理以外．還有講到有關佛法的地方．不懂佛法的看了．能夠曉得一些．也是好的。先師印公常常講．學佛一事．原須克盡人道．才可趨向。這是值得體會的。我細閱黃涵老的註解．實在已把這本書深心體究．解釋得闡發無遺。又得蔣竹老的儘量修正．字裏行間．可稱斟酌盡善。我不過把印錯的字．改正十餘處罷了。看了這本書的人果能深信力行．不但他自己可以得到很大的益處．推而至於社會．所得的好處．也是不可限量的。所以這本書誠有廣事流通的價值。

丁酉夏仲八旬叟李淨通識於上海

國家圖書館出版品預行編目資料

了凡四訓白話解釋／黃智海演述. -- 1 版. -- 新北市：華夏出版有限公司, 2022.12 面； 公分. --（Sunny 文庫；271） ISBN 978-626-7134-55-9（平裝） 1.CST：格言 192.8 111014497

Sunny 文庫 271
了凡四訓白話解釋

演 述 黃智海
印 刷 百通科技股份有限公司
電話：02-86926066 傳真：02-86926016
出 版 華夏出版有限公司
220 新北市板橋區縣民大道 3 段 93 巷 30 弄 25 號 1 樓
電話：02-32343788 傳真：02-22234544
E-mail： pftwsdom@ms7.hinet.net
總 經 銷 貿騰發賣股份有限公司
新北市 235 中和區立德街 136 號 6 樓
電話：02-82275988 傳真：02-82275989
網址：www.namode.com
版 次 2022 年 12 月 1 版
特 價 新台幣 280 元（缺頁或破損的書，請寄回更換）

ISBN： 978-626-7134-55-9